JN098517

TikTokerばななちゃん、

行政書士になる！

短期&高得点で一発合格した戦略的勉強法

行政書士

山本絢香

Ayaka Yamamoto

著

中央経済社

はじめに

「ギャルが行政書士試験一発合格しました!!
　支えてくれたみんな本当にありがとう。」

　このTikTok投稿後，私のスマホへの通知はしばらく鳴りやむことはありませんでした。TikTokの再生回数は190万回を大きく超え，「いいね」は4万件超え，そして700件以上の温かいコメントをいただきました。
　見た目からの偏見を覆し，今まで私を信じてついてきてくれたフォロワーさんのみんなに恩返しができた……。
　そう，ギャル行政書士が誕生した瞬間です。

　突然ですが，みなさんには夢や目標はありますか？
　恥ずかしながら行政書士になる3年前の私には夢や目標はもちろん，希望すらありませんでした。周りの友達は高校を卒業し，大学進学，就職と順調なキャリアを積んでいく中，私はというと，就職はおろかアルバイトすら長続きせず，毎日自分の好きなことだけをしていました。「今が楽しければいい。」そんな毎日を淡々と送っていました。
　住んでいたのは山梨県ということもあり，金髪に厚化粧，派手な服装をしていた私は近所でも目立った存在でした。髪を染めることすら猛反対だった両親は，当時の私の容姿を受け入れられるはずもなく，定職にも就かず，さまざまな職を転々としていたのだから，私に対して激怒していたのは当然のことです。

　最終学歴は高卒。ですが，日本航空高等学校通信制課程という通信制の高校に通っていたため，学校に通学するのは月に多くて2日ほど。

校則も緩く，とても自由な校風の高校だったので，周りを見渡しても金髪，厚化粧，よくいえば，個性豊かなクラスでした。私が通っていた通信制高校では，クラスが2クラスに分けられていました。一方のクラスはどちらかというと大人しめのクラス，もう一方のクラスは俗にいう問題児が多い，派手なクラスでした。

　もちろん，自分で選べるはずもなく，先生によって振り分けられる仕組みだったのですが，問題児の私は言うまでもなく後者のクラスでした。

　学習に関しては，基本的にサボるもサボらないも「自分」次第。一人ひとりの個性を尊重し，学校へ来ることの楽しみを教えてくれました。先生と生徒との距離がとても近く，問題児の私でも「学校へ行きたい!!」と思わせてくれる魔法の学校でした。

　卒業してからも「遊びにおいで」と気にかけてくれる家族のような温かな高校。私が高校を卒業できたのはそんな場所に巡り合えたおかげでもあります。

　高校卒業後も，どこかへ就職するわけでなく，親の心配をよそに「昼夜逆転生活」は当たり前。厳しすぎる両親へ反発するかのように，家出を繰り返し，「問題児，ギャル」なんていう言葉は，耳にタコができるほど何度も浴びせられてきました。

　その一方で，心のどこかではそんな自分に嫌気がさし，「変わりたいな，このままではまずい」という気持ちもふつふつと湧いてきました。でも，人がそう簡単に変われるはずもありません。ある資格に出会うまで，私の人生は変わることはなかったのです。

　そんな問題児，「あんたは何やっても続かないね」，「お前には無理だ」と言われ続けていた私が，今では行政書士事務所を開業して，本書を執筆しているのです。

　「何が起こるかわからない」そこに人生の楽しさがあるのです。

きっと，本書を手にしたあなたは今，「何かに挑戦したい」，「人生を変えたい」という思いで手にしてくださっているのではないでしょうか。

　「どうせ自分には無理だ…。」
　「頭が良くないからできるわけない…。」
　そんなことはありません!!!　大学を卒業し，職歴も豊富な人だけが合格できるのが行政書士試験ではありません。私のような「ほぼ学歴なし」，「就職経験ゼロ」でも行政書士試験に一発合格し，開業することができたのですから「チャンスは皆平等」なのです。
　チャレンジする前に，自分の限界を勝手に決めつけて諦めてしまっている方がきっと多いのではないでしょうか。
　「決してそんなことはない！　それなら私が証明してみせる!!」
　それを伝えたくて，少しでも誰かの背中を押すことができたら良いな…という思いで執筆しました。

　行政書士試験は「180点以上」が合格基準です。それを私は30点オーバーの「210点」で一発合格することができました。私がどうして短期間で成し遂げることができたのか。そのノウハウについてありのままにお伝えします。

　どうせ同じ人生を生きるなら，平らな道より，デコボコの道のほうが楽しい。これからも私は，未来の出会いのためにたくさんの挑戦をし続けるでしょう。
　本書が，今後の皆さんの第一歩を踏み出すきっかけとなれば幸いです。

行政書士

山本　絢香

目　　次

第3章　高い壁を越えた後は，もっと高い壁を越えたくなる

第4章　行政書士試験への挑み方

第5章　行政書士試験 各科目の勉強法

第6章　行政書士事務所を即・独立開業

＊令和6年度行政書士試験から，「一般知識」は「基礎知識」に変更されます。

Prologue

ギャルTikToker,
資格勉強に目覚めるってよ

私の勉強グセが身につくまで

🐥 おとなしく模範的な子からいつしか変わり者へ

「おはようございます！」

けたたましい足音とともに，見慣れない子たちが目の前を駆けていく…。

子どもの頃，人見知りだった私の足取りは重く，「小学校ってどんなところなんだろう…」，「友達作れるかな…」，「勉強ってなんだろう…」と幼いながらに期待と不安が入り混じるなんとも甘酸っぱい気持ちで母と手をつなぎ，校門をくぐったことを今でも鮮明に覚えています。

つい先日まで一緒に砂遊びをしていた子たちでさえ，真剣な顔つきで先生のお話を聞き，一人ひとり名前が呼ばれ，声を振り絞り元気な声で返事をしました。

「山本さん！」

「はい!!」

これが私の学校生活の始まりでした。なぜ私が行政書士を目指すことになったのか。そして，資格試験の勉強を続けられたのか。このことをお伝えするには，私のバックグラウンドから知っていただくほうがお話ししやすいので，プロローグでは幼少期を少し振り返ります。

私の学校生活，はじめは絶好調でした。入学後しばらくして行われた三者面談では，「いつもお手伝いをしてくれて助かっています」，「勉強の姿勢も真面目です」と，聞こえてくるのは良い話ばかりでした。至って普通の，どこにでもいる，おとなしく模範的な児童だったのです。

🐤 将来の夢は演歌歌手

　ところが，数か月して学校生活にも慣れてくると，私の生活態度は変わっていき，次第に周囲からは「変わり者」，「変な子」，「不思議な子」と呼ばれることが増えていきました。

　小学校低学年の女子といえば，着せ替え人形やおしゃれなど可愛いものが大好きなお年頃でしょう。しかし，私はそれらには一切興味を示さず，男子が好きそうな車や電車など乗り物のおもちゃを好んでいました。

　休み時間となれば，男子を追いかけまわし，喧嘩をするのも日常茶飯事。すこし凶暴な女の子だったのかもしれません…（笑）。

　当時，一番夢中になっていたのは演歌です。はじめて買ったCDは美空ひばりさん，細川たかしさんの曲でした。放送委員だった私は，その特権で給食時間に演歌を流したところ，校長先生が驚いた顔で放送室まで飛んできた，というのは今では笑い話です。

▶小学校の卒業文集に「将来の夢は演歌歌手」と書くほどだった。

🐤 理屈っぽく考える子

　変わっているところは趣味だけではありませんでした。物事の考え方が独特であり，性格もゼロか100かの両極端な性格でした。

　体育の授業でドッジボールをしたときのことです。私は皆と同じように

ドッジボールを楽しむことができずにいました。

「こんな堅い球体が顔面に当たったらどうするのだろうか…。」

「なんでこんな痛いことをするのだろう…。」

そんなことばかり考えていました。

「山本!!　何ボーっとしているんだ！」

ついに先生から名前を呼ばれ，我に返った私は，その疑問をそのまま先生に投げかけてしまったのです。そうはいっても，義務教育の授業。全く参加しないわけにはいきません。言うことを聞かない私に，先生は特別に外野のみで参加することを許してくれました。

そのため先生を困らせたのは一度だけではありません。たとえば，プール授業のときのこと。「ピーッ」という笛の合図とともに皆は一斉にプールに飛び込み，全力で泳いでいます。その光景を前に私は動けずにいました。なぜなら，ある一つの疑問が生じたからです。

「先生…，どうして魚じゃないのに泳げるようにならないといけないんですか？」

きっと小学校低学年であれば，大半の子は純粋に目の前にあることを全力で楽しみ，こんな疑問を抱くことすらもないでしょう。一つのことに対して，ただただ純粋に何も考えずに楽しむことができたらどんなに楽しかったことか…。

しかし，私は一つの物事を理屈っぽく考えてしまう性格だったのです。そして，一度気になったら，口に出さずにはいられない子でした。

🦆 「ないなら作ろう」の発想

そんな中，先生を一番驚かせたエピソードがあります。それはいつもと変わらない授業での話。当時，クラスでは「文通」が流行っていました。授業中に先生に見つからないようにこっそりと手紙を書いて，先生が黒板を向いた瞬間に手紙を友達へサッと渡すのです。もし先生に見つかれば，

その手紙はもちろん没収され，説教の対象になることは間違いありません。

　ある日のこと。その日の文通はいつもとは内容がちょっと違って，「好きな人♡」についてのやりとりをしていました。一番見られたくない内容だったはずなのに，私はうっかりその手紙を落としてしまったのです…！それはすぐに同じクラスの男子に拾われてしまい，先生の手にまで渡ってしまいました。

　私は恥ずかしさのあまりに顔を真っ赤にしたのを覚えています。普通であれば，そこで反省をするか，すぐにそんなことなんて忘れるでしょう。

　ところが，私はこれをきっかけに，なんと「あやか語」を作ってしまいました。どういうことかというと，私が教えた人にしか解読することのできない「新しい文字」を私は生み出してしまったのです。

　　▶当時のあやか語。これで「山本絢香」と読む。
　　　母音と子音の組み合わせでできていて，ハングル文字にやや似ている。

　「まず，文字を作ってしまおう!!」と思った時点で，やはり私は変わり者だったのかもしれません。

手のかかる子だった幼少期

　度々問題を起こし周囲を驚かせていた私ですが，騒いだりするタイプでも，クラスをまとめたりするタイプでもなく，クラスで目立つ存在ではありませんでした。どちらかというと，おとなしい児童だったと思います。

　そのくせ，とても目立ちたがり屋で，運動会の応援団に立候補したこと

もありました。人前に立ち，自分を見てもらえることがとても心地よかったからです。

　そんなこともあり，余計に周囲は私のことを「変わり者」と呼ぶようになっていきました。先生から注意を受けるのは日常茶飯事で校長室に隣接する会議室に私と両親はよく呼び出されていました。今思うと，相当手のかかる子だったと思います。でも，これがリアルな私の小学校生活だったのです。

🦆 両親の厳しい教育方針が「勉強に対する姿勢」を築く

　中学生になると，興味がなかった「可愛いもの」にも目覚めました。オシャレやメイクに興味を持つようになり，少ないお小遣いでファッション雑誌や100均で安いメイク用品を買い漁り，不器用ながらも真似ていました。

　今の見た目からは全く想像つかないかもしれませんが，中学生の頃は「美術部」に所属していました。かといって絵が特別上手かったわけではありません。学校の決まりでどこかに所属しなくてはいけなかったため，わりと自由に活動していた美術部に入部しました。

▶私が描いた絵（再現）。独特な絵を描くのでピカソみたいだとよくいわれた。

　休み時間になると恋バナやメイクの話で盛り上がり, 放課後は美術部で自由に過ごし, それなりに充実した学校生活を送っていました。至って普通のどこにでもいる生徒だったと思います。

　一方で, 180度変わったことがあります。それは「**勉強に対する姿勢**」です。

　中間テスト, 期末テスト, 学年末テストと頻繁に試験が行われるようになり, 1年生の時点で高校受験を意識する生徒もいました。高校受験では, 学力だけでなく, 日々の生活態度である内申点も重要となるため, 学校行事に積極的に参加したり, 生徒会などに立候補したりする生徒も多かったです。皆の空気が小学生の頃とは全く違うように感じていました。

　かといって, ピリピリしていたわけではありません。行動範囲も広がり, 友人同士の旅行にチャレンジする子もいれば, 憧れの街・東京に遊びに行く子もいて, 中学生ライフを思う存分満喫していました。

⑤「1日2時間は勉強する」教育方針

　「ギャルのお母さんはギャル」とよく勘違いされますが, 私の両親はとても真面目で厳格な人です。中学生の頃, 周りの友達は携帯電話を持ち始めていましたが, 持っていなかったのはクラスの中でも私ともう一人だけだったと思います。門限も18時でした。

　勉強に関しては「自分の力で勉強しなさい」という教育方針で, 学習塾へ通うことも許されず, 「**1日絶対2時間は勉強する**」ことが我が家のルールでした。

　平日も土日も夏休みも関係なく, とにかく「1日2時間勉強！」これが徹底されていました。

　この教育方針は, 中学3年生まで続き, 高校受験も自力で挑まなくてはならなかったのです。学習塾へ通えば, しっかりカリキュラムが用意されていて, 受験情報も豊富です。一番のメリットは, 同じ境遇の仲間と切磋

琢磨しながら高めあえることだと思います。

　我が家のルールのおかげではじめの頃は成績もかなりよかった私ですが，中学 3 年生になり学習塾へ通う生徒が増え始めると，成績を維持することに苦戦し始めました。自分なりに研究をして，独自の勉強方法を編み出し，学習戦略を練るしかなく，信じられるのはただ一人，自分だけだったのです。

　しかし，**この経験が大人になってから資格試験に一発合格する鍵となる**とは，もちろん当時は気づいていませんでした。

⑤ 両親への反発，生活態度の悪化

　学力面と相反するように悪化していったものがあります。それは日々の生活態度です。このような厳しい家庭環境で育った反発からか，幼かった私は，自分と真逆の人生を歩んでいる人に憧れるようになりました。

　両親に言われるがままに，ただレールの上を歩く私にとっては，世間では"問題児"といわれる人たちですら，自分の意思で，自分らしく，ありのままに生きている，かっこいい姿そのものでした。

　次第に私自身も，派手なメイクをしたり，学校をズル休みしたり，門限を破ったりするようになっていきました。これが私の「ギャル人生」の始まりです。

　同じ中学校の子たちとは話が合わなくなり，違う中学校の友人たちと遊ぶことが増えていきました。というのも，私が通っていた中学校は県内でもトップクラスの真面目な中学校で，スポーツや勉強に全力で取り組む生徒が多く，反抗期真っ最中の私にとっては，気の合う友人が少なかったのです。そんな娘の姿を見て，両親は心配でたまらなかったことでしょう。

　それでも私は，根が真面目なのです。どんなに見た目が派手になっても，どんなに関わる友達が変わっても，どんなに帰りが遅くなっても**「 2 時間勉強スタイル」は，絶対に崩さなかった**のです。このことは，当時の友人でも知らない話です。

🦢 コツコツ積み上げたものは簡単に崩れない

　当時は，勉強することは恥ずかしいことだと思っていました。だから，友人にはそのことを隠していました。しかし，周りと同じように遊び，オシャレをし，どんなに生活態度が悪化しても，「2時間勉強すること」だけはやめませんでした。

　その甲斐あって，**見た目に反して成績が極端に落ちることはありませんでした**。もちろん，勉強を続けていたことを周りの人たちは知らないので，「頭がいい」という一言で片づけられることも多々ありました。

　裏では，コツコツ毎日努力を積み重ねていた背景があったので，これは正直とても悔しかったです。

　「一瞬で積み上げることは簡単だが，コツコツ積み上げたものは簡単には崩れない。」

　これは私が好きな言葉です。一見すると，全く別の話のようにも思えるかもしれませんが，これらはすべて一つの糸でつながっているのです。

　見た目は派手でも，根が真面目な私は，心のどこかでは将来への不安を感じていたのかもしれません。人が毎日起きて，シャワーを浴びて，歯磨きをするのと同じように，この頃から，勉強は私にとってもはや生活の一部になっていたのかもしれない，と思っています。

🦢 自由と自分らしさを求めた高校時代

　高校生になるとより一層「自由」，「自分らしさ」を追い求めるようになりました。もともと通っていた全日制高校では，なかなか周囲と打ち解けられず，自分らしさも見失うほど厳しい校則に縛られて生きてくことが苦痛でした。

そう思った私は，個性や自分らしさを尊重し，可能性を最大限に広げて
くれる通信制高校に転入したのです。自由な校風ということもあり，髪を
染めたり，メイクをしたりする子もたくさんいて，アルバイトも許されて
いました。

　個性豊かで多種多様な生徒が在籍しており，まさしく私が求めていた
「自由，自分らしさ」を発揮できる最高の高校でした。先生と生徒の距離
が近いので，家族にも話せないようなことも親身になって相談に乗ってく
れました。まるで第二の家族のような存在です。

　中学生の頃から勉強グセがついていた私は，自己管理で勉強を続けなが
ら，それ以外のほとんどの時間はアルバイトに費やしました。大学進学を
目指していたわけでもなかったので，卒業できるギリギリラインの勉強だ
けを行い，勉強よりもアルバイトにかける比重のほうが大きかったかもし
れません。アルバイトを通して，少しだけでもはやく社会に出られること
が，なんだかちょっぴり嬉しかったのです。

　そのおかげで，私はそれ以上問題児といわれる行動が加速することはな
く，自分自身も息苦しさを感じることはなく，毎日が刺激的でとても楽し
い時間を過ごすことができ，しっかり高校を卒業することができました。

▶自由や自分らしさを追い求めた高校時代

人生を変えた宅建士資格との出会い

🌀 変わった職歴のフリーター時代

　高校卒業後は，就職するわけでもなくアルバイトを転々としていました。今でこそ「勉強好き」のキャラとしてSNSでも知られていますが，当時の私は勉強することが好きではなかったのです。なので，大学進学は一度も頭に浮かんだことはありませんでした。

　かといって，「絶対にコレだ!!」という大きな夢もなかったので就職するわけでもなく，フリーターの道を選んだのです。アルバイトの職歴はとても変わっているといわれることが多いです。ある時は高速道路のサービスエリアで警備員をし，ある時は草木が生い茂る中で生コンを打ち，ある時は運転代行で車に乗るなど，我ながら多岐にわたります。

　好奇心が旺盛で，思い立ったらすぐ行動してしまう私にとって，どの職業もとても楽しく，刺激的なものでしたが，どの職業も長続きすることはありませんでした。

▶フリーター時代のアルバイト風景

周囲からは「しっかりしなさい!!」,「あんたは何やっても長続きしない
ね!!」と言われる日々。今思えば,怒ってくれる,注意してくれる人がい
るということはとても幸せなことですが,まだ若かった私にとっては重く
うんざりするばかりでした。

宅地建物取引士と出会う

「自分で生きていけるもん!」

18歳の私はついに実家を出て,一人暮らしを始めることにします。ちょ
っとした意地だったのかもしれません。

早速,不動産会社を訪問し,部屋探しからスタートしました。何もかも
がはじめてのことだったので戸惑いながらも,不動産屋さんが親身になっ
て私の話を聞いてくれたことで安心したことを覚えています。

そんなはじめての一人暮らしとフリーター生活が7年ほど続いた頃,ふ
と「この後の人生をどうしよう」と考えることが増えてきました。

また,ちょうど部屋の契約更新が重なったため,再度,不動産会社を訪
れ,新しい部屋探しをすることになります。

不動産屋さんがたくさんある物件の中から,私にピッタリのお部屋を一
つ一つ丁寧に調べてくれている姿はキラキラ輝いて見えました。いよいよ
部屋が見つかり,契約となった際,「重要事項説明」という難しい説明を
受けました。さきほど部屋を探してくれた人に代わり,違う人が対応して
くれたのです。

「宅地建物取引士の○○です。」

そう微笑むと,不安そうな私に優しく説明してくれました。

「なんだかかっこいい…!」

それがその時の私の素直な感想でした。

「宅地建物取引士って何なんだろう。」

　帰宅してからも気になった私は，「宅地建物取引士」とGoogle検索してみました。
　「国家資格なんだ…。」
　「合格率15 〜 18％!?」
　「宅建士っていうのか〜。」
　ますます憧れは強まり，さらにかっこよく思えました。

　一人暮らしを始めると，両親と会う機会も次第に減っていきました。距離ができたことで，前ほどぶつかることもなくなったからか，急にふと寂しくなり，ランチに誘ってみることにしました。
　ハンバーグ店で久しぶりに両親とのランチタイム。段々と会話が進むにつれて，私が恐れていた質問が飛んできました。
　「仕事はどうなったの？」
　「この先どうするの？」
　私は思わず答えてしまったのです。

「"不動産会社"で働きたい!!!」

　いきなり出た私の宣言に若干驚きつつも，「それが本気なら宅建士を取りなさい」と言われたのです。きっといつもみたいな中途半端な気持ちと勘違いして私を試したのでしょう。
　事前に調べていたから難しいことは百も承知。ましてやいきなりの国家資格…。しかし，負けず嫌いな私は「もし仮に一発で合格できたら必ず応援してよね！」と答えてしまいました。言ってしまったものは仕方がありません。
　「絶対に合格して本気を見せるんだ!!」
　そう気持ちは燃え上がっていきました。その日のうちにひたすらネットサーフィンをして「宅建」についての情報収集を開始しました。

⑤ 宅建試験について徹底的に調べる

　そこでまず，宅建試験が「**相対評価**」ということを知りました。そして，その反対の意味として「絶対評価」という言葉があります。

　「絶対評価」とは，その試験によって定められている「基準点」さえクリアできれば合格となります。たとえば，「60点以上で合格」という場合は，そのテストで60点以上を取ればいいのです。

　一方で，「相対評価」とは，基準点は定められておらず，合格ラインは年によって変わります。あくまで他の受験生の出来次第で自分の合否も左右され，合格発表日になるまで結果はわからないのです。

　たとえば宅建試験は，毎年約20万人弱が受験しますが，合格率が毎年15 〜 18%で推移しているので，20万人弱のうち上位15 〜 18%に入れるように意識して勉強する必要がありました。つまり，仮に前年の合格点が38点だったとしても，「今年も38点取れたら合格!!」というわけではないのが相対評価の特徴です。

　年々，受験生のレベルは上がってきているため，周りの受験生の出来次第で39点が合格点となることもありえます。相対評価の試験の場合，受験生が当たり前のように落とさない問題は確実に正答することは絶対条件であり，そのうえで，プラスαで何点を上乗せして取れるかが鍵となってきます。

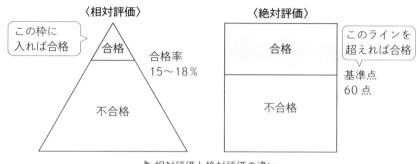

▶相対評価と絶対評価の違い

　科目によっても配点が異なるため，「各科目で何点を目指すか」という科目ごとの戦略が必要だとその時に感じました。

⑤　人より倍努力してカバーする

　ある程度の情報収集を終えたら，勉強方法を考え始めました。独学でいくか，予備校に通うかたくさん悩みましたが，私は地元にある予備校に通うことにしました。

　「今日からよろしくお願いします!!」

　これから合格への一歩を踏み出すんだと，期待に胸が高鳴った瞬間でした。

　席に着いて周りを見渡すと，会社員風の生徒ばかり。そんな中，私はというと，金髪にサンダルでジャージ姿…。完全に場違いでした。一気に視線が集まったのを感じました。きっと先生たちも不安だったことでしょう。

　でも，その先生たちの不安も，すぐに消し去ることができました。

　課題は人一倍こなし，絶対に遅れをとらない。定期的に行われる模試ではランキング順位で毎回1〜3位を維持していたからです。

　記憶力も考える力も特別良いわけでなかった私は，「皆が10やるところは20やろう。人より劣っている分，人より倍努力してカバーしていこう」と決めていました。

　日々の学習の成果が数字となって見える化する模試こそが，私の原動力でした。

　「自分の性格を味方につけろ!!」

　そう。私は大の負けず嫌いなのです。この自分の性格を上手く生かしてランキング上位を狙っていました。もちろん，ついていけずに上手くいかなかったときもありました。

　私は悔しくて教室で泣いてしまいました。先生はそんな私を見て驚いた

顔をしています。

「模試で泣く子をはじめて見たよ…。」

でも，プライドが高く負けず嫌いな私は，誰にも弱音を吐きだすことができず，また，弱音を吐いたらそれが現実化してしまいそうで，それが怖くて一人で不安を抱えながら戦っていました。私は無我夢中でした。

⑤ まいにち勉強して，やりたいことを我慢しない

「国家試験」というはじめての挑戦で，遠く高く立ちはだかる壁をなんとか這い上がろうとしていました。どこでだって勉強しました。飛行機の中でも，電車の中でも，夢の中でも，与えられている時間はすべて有効活用しました。

そういう姿勢を見ている周りの友達も次第に理解を示してくれるようになりました。たとえ旅行に行こうと，移動時間や友達が寝た後は必ず勉強しました。

大事なことは，**1日でも勉強しない日をつくらないこと**です。したいことを我慢することではありません。自分が決めたことを守れるだけの強さがあるのなら，遊びに行ったっていいのです。

宅建の試験会場は，山梨県の某大学でした。周りを見渡しても，スーツを身にまとった人，会場でも必死に勉強をしている人，少なくともあの場でギャルは私以外いませんでした。かなり浮いていたはずです。でも，この日の私はいつにも増して堂々としていました。

半年間，悔いなく勉強をやりきった私は，自信に満ち溢れていたのです。堂々とした足取りで教室に向かうと，大人気の国家資格ということもあり，教室にはたくさんの受験生が座っていました。

私にとって，高校入試以来の受験だったため，この緊張感が漂う空気は懐かしさすら覚えました。試験開始の合図とともに一斉に鉛筆の音が教室に鳴り響きました。

　今だから言えますが，試験問題の用紙を開いた瞬間，緊張のあまり頭が真っ白になってしまったのです。ドラマや漫画ではよく聞く話ですが，まさか現実に起こりうるとは思ってもいませんでした。深く深呼吸をして，何とか正気を取り戻すことができました。

　その時は絶望的でしたが，そんな苦い思いですら今となっては愛おしい経験です。試験の終了時間まで残り約20分のところで，私はすべての問題を解き終えることができました。

　これは各科目にかける時間，解く順番を模試で毎回訓練していた私にとって，想定内の時間でした。では，残りの20分で何をするかというと，氏名や受験番号の記入欄から解答まですべての項目を3周確認するのです。

　人間は誰しもミスをする生き物です。

　試験会場を出るまでが本試験。最後まで気を抜かず，試験時間目一杯までマークシートにミスがないか確認をしました。

　そのうえで，できれば問題用紙にも自分の答えを記入しておくのがベストです。というのも，本試験の終了後，しばらくすると，各予備校が「解答速報」を出すので，そこで自己採点ができるからです。

　マークシートの答案用紙は当然，回収されますが，問題用紙は持ち帰ることができるので，自分の答えを問題用紙に記入しておくことで，その日のうちにある程度の自分の点数を把握することができます。

🙋 宅建試験における私の科目戦略

　宅建試験で私が各科目で何点を目標に勉強していたのかは以下のとおりです。

・権利関係	9／14問
・法令上の制限	8／8問
・税その他	1／3問
・宅建業法	18／20問
・免除科目	4／5問

ここから、「宅建業法」の配点がいかに高いかがおわかりいただけるでしょう。宅建業法は、しっかり勉強すれば得点に結びつきやすい科目です。個数問題が出題されることもあるので、曖昧な知識ではなく「人に説明ができるくらい」まで勉強をやり込むことが大切です。

　私の受験した年度は個数問題が多かったのですが、「人に説明ができるくらい」にまでしつこいほどやり込んだおかげで全問正解することができました。この宅建業法でいかに点を積み上げられるかが合格に近づく鍵となります。

　「法令上の制限」は一見難しそうに感じますが、一番満点を狙いやすい科目だと私は思います。絶対にとりこぼしのないよう、徹底的に対策しました。

　「権利関係」は、初見の問題も多く、しっかり対策してもなかなか点数に結びつきづらい科目です。だからといって疎かにしてよいのか、というと…答えはNOです。逆に言えば、しっかり対策をしないと半分も取れないからです。半分とプラスαの9問を獲得するつもりで狙っていました。

　「税その他」は、ほぼ対策していません。何が出題されるかわからず、そこに時間をかけるなら宅建業法と法令上の制限で満点を目指すほうが効率的だと考えたからです。受験生の誰もが解けない問題は、よほど運が良くない限り、皆が点を取れず、そこで差がつくことはありません。もし失点しても合否には響かないでしょう。取れたらラッキーくらいに考えておくと気持ちがラクかもしれません。そう割り切ることも大切です。

　この受験勉強で大切なことは、**受験生皆が落とさないところで絶対落とさないようにすること**なのです。

　ちなみに、「5問免除科目」は一見羨ましい制度に見えますが、比較的、常識や感覚で解いても4～5問取ることができる問題ばかりなので、過度に不安にならなくても大丈夫でした。

　このように「各科目で何点を目標にしておくか」を明確に定めておくことで模試でシミュレーションすることができ、日々の勉強に役立ちます。

　また，本試験での問題を解く順番もとても大切です。「権利関係」から解き始めてしまうと初見の問題や，難しく感じる問題がある可能性が高く，頭が真っ白になってしまう恐れがあります。そのため，私は「宅建業法」や「法令上の制限」から取り掛かるのがベストだと思います。

🏃 ついに，合格発表当日を迎える

　はじめて挑んだ国家試験の合格発表当日。合格発表前日にソワソワして，居ても立ってもいられなかった私は，父に焼肉を食べに連れて行ってもらいました。

　まだ合格発表が出ていないにもかかわらず，「そんな簡単な試験じゃない。来年もまたあるから頑張れ」なんて，私に言うのです。

　「いやいや，まだ早いから！」と，心の中でツッコミをいれましたが，娘の頑張っている姿をはじめて見た父の顔は，なんだかいつもより優しく感じました。

　合格発表はインターネットでも見ることができるのですが，私は直接，県庁の掲示板まで見に行きました。

　「勉強した日々に悔いはない。番号があってもなくても笑って帰ろう。」

　そう心に誓っていました。

　掲示板の前に到着すると，そこに私より先に一人のおじいちゃんが立っていました。そのおじいちゃんは，私の顔を見るなりこう言いました。

　「やっとだ…。5年かかった。本当に嬉しい。」

　そう呟くおじいちゃんの頬には涙がつたっていて，努力が身に染みて伝わってきました。そして，私も掲示板を確認すると，しっかり番号が載っていたのです！

　はじめての場所で，はじめて会った人と共に喜びを分かち合えた瞬間。皆それぞれバックグラウンドは違うけれど，努力したという紛れもない事実は同じで，一人じゃなかったんだと嬉しい気持ちでいっぱいになりまし

た。

　自分の力で，最後まで諦めず努力して目標を勝ち取った経験は人生では
じめてだったかもしれません。

　今まで自分に自信がなかった私。

　何をやっても駄目だと思っていた私。

　その日から確実に私の未来は明るくなっていきました。

▶県庁まで見に行った宅建試験の合格発表

そんなのできるわけない!?
SNSと資格勉強の両立

🛹 TikTokerになるとは思っていなかった

　SNSの総フォロワー数30万人超えの私（2023年3月現在）。そんな中でもTikTokが圧倒的な比率を占めており，**SNSは私にとって資格試験合格の最強の味方**でした。なかなか信じてもらえないのですが，実はもともと私は「超アナログ人間」なのです。

　では，「どうやってそんなにフォロワーを増やしたの？」と疑問に思われる方もいるでしょう。アナログ人間といっても，全くSNSをやっていなかったわけではなく，FacebookもInstagramもやっていました。

　といっても，今のように「インスタ映え」を意識するわけではなく，好きなものを好きな時に，ただ自己満足で載せていただけでした。しかも，自分の知らない誰かに自分の投稿を見られることにも抵抗があったため，閲覧者を限定できる鍵付きアカウントで投稿していたのです。

　TikTokに関しては，名前は知っていましたが登録すらしていませんでした。アナログ人間の私は，新しいものに手を出す勇気までなかったからです。

　TikTokとは音楽に合わせて振り付けを踊るアプリですが，リズム感もなく，ダンスも苦手だった私にとってはもっとも遠い存在で，この時はまさか自分がTikTokerになるなど思ってもいませんでした。

　当時，私の地元，山梨県でもTikTokは大流行していました。流行っているからといってそれに流される性格ではないですが，友人と遊びに行くたびに「一緒に踊ろう。TikTok撮ろう」と言われるので実は困っていました。私はついていけず，友人が踊る光景を見ていることしかできなかっ

たからです。

　当時の彼氏ですら，時間があるたびにTikTokを見ていました。理由は単純。TikTokにはどうやら可愛い子がたくさんいるらしいのです。

　「このままでは友人との話題についていけない，彼氏が可愛い子に目移りしてしまうかもしれない…!!」と焦った私は，ついにスマホにTikTokのアプリをインストールしました。

　毎日寝る前に，ベッドの横にある全身鏡の前で一人練習を続けました。とりあえず，大好きなパラパラから始めてみると，「なんか楽しいかも…♡」と，すぐに虜になってしまいました。そして，その練習動画はアプリ内の「下書き」にどんどん蓄積されていった，はずでした…。

　「あやか〜!!　パラパラ可愛かったよ〜!」
　「TikTok始めたんだね!!」
　そう言いながら，友人が私に駆け寄ってきます。嘘のようで本当の話なのですが，「下書き」に保存していたはずの動画は，しっかりアップロードされてしまっていたのです。特別に踊りがうまいわけでも，リズム感があるわけでもない私の動画は，不思議なことにみるみるうちに再生回数が増えていき，あっという間にフォロワー数が2万人を超えていきました。

　特に，当時アルバイトをしていたステーキ店で，バイト終わりに撮った動画が好評で拡散されました。その頃から，「いつも動画見てます」と声をかけていただくことが増えていきました。

▶出張先の大阪でTikTokを見たというお店の人からサインを求められたときに書いたお皿

　つい数か月前まで平凡に暮らしていた私が，街で話しかけられているのです。人生って本当に何が起こるかわからないものです。

　ある朝，Instagramのダイレクトメッセージに某アパレルブランドから「モデル撮影」の依頼が届いていました。私が昔から好きだったブランドだったので，とても驚いたのと同時に，「私なんかで大丈夫かな…」という不安もありました。しかし，そんな不安を忘れるほど撮影は楽しかったです。そして，撮影終わりに「Instagramのアカウントの鍵を外せないか」と聞かれたのです。

　その時に私は，「SNSを本気で頑張ろう」と誓いました。それから来る日も来る日も毎日踊り続けてTikTokに動画をアップし，毎日のファッションを撮影してInstagramにアップしました。

　それまでは憧れの人を見る立場だったので，自分の写真をSNSにアップすることは慣れるまで時間がかかりました。でも，すごく楽しくて，いつしかInstagramのフォロワーも増えていきました。

🅱 SNSライフと宅建受験勉強の両立

　順調にSNSライフを楽しんでいる中，一つの壁にぶつかりました。それは，宅建試験の存在です。

　「SNSと両立できるのだろうか？」

　はじめはすごく悩みました。でも，その頃にはSNSは私にとっての生活の一部になっていたのです。続けないという選択肢はもはや私の中にはありませんでした。

　それなら，「**SNSを味方につけてしまおう!!**」そう考えました。

　もう皆さんもお気づきのとおり，私は大の負けず嫌いなのです。宅建試験を受験することを何万ものフォロワーがいるSNSに公開することで，あえて自分にプレッシャーをかけ，自分が頑張る原動力に変えようと思ったのです。

「今年，宅建受験します。」

　そう呟くとすぐにたくさんのコメントやメッセージが届きました。それもそのはず，勉強の「べ」の字も感じさせないような，勉強と無縁な生活を送ってきたギャルがいきなり難しい国家試験に宣戦布告したのですから驚くのも当然です。

「冷やかしのメッセージが来るんじゃないか…」

　そういう不安も少しありました。しかし，驚くことに，届いたメッセージは温かい言葉にあふれる内容ばかりでした。

「ばななちゃんが頑張るなら私も頑張ります!!」

　そんなメッセージも多数ありました。

「私が挑戦することで誰かの背中を押すことができるのなら，有言実行を果たさなければいけない。」そう思うと，勝手に使命感が沸いてきました。

　SNSには，模試の結果が良くても，悪くても必ず載せることにしました。誰だって悪い結果は載せたくないでしょう。私も同じです。なので，「**悪い結果を載せることにならないように日々の勉強を頑張る！**」これが私のモチベーションを保つ秘訣でした。

　よくモチベーションの保ち方を聞かれるのですが，きっかけはどんな些細なことでも良いのです。「自分の性格や特性をよく理解して，身近にある使えそうなものを効率よく使う！」これが私の答えです。

　私のように負けず嫌いな人は，自分が一方的に知っている誰かをライバルに仕立てて成績を競えば良いし，恋愛体質の子は，好きな人に褒められるために頑張れば良いでしょう。理由はどんなことだってかまわないのです。

　負けず嫌いな私は，こうしてSNSをうまく活用しながら宅建合格を勝ち取りました。

合格で得られた新たな自分と自信

🦆 やればできる人間なのだ

　昔から，人よりズバ抜けて優れているものがこれといってなかった私。運動はできないし，音楽も大の苦手。皆を率いるリーダー的な存在でもないし，友達も多いほうではありませんでした。

　独特な考え方や両極端な性格で周囲を困らせ，いつも問題児呼ばわりされてきました。髪を染め，厚化粧をして見た目がギャルになっていく私を見て，両親にたくさん心配をかけてきました。

　夢や目標だってありませんでした。やりたいことがなかったのではなくて，「自分は何をやっても駄目な人間なのだ」と勝手に決めつけていたから見つからなかっただけかもしれません。

　「宅建士」という資格と出会って，必死で努力して，合格を有言実行できたことで「自分もやればできる人間なのだ」と知ることができました。そんな私を見て，周囲には応援してくれる大人や仲間がたくさん増え始めてきました。

　夢は，探そうと思ってできるものではありません。私みたいに，ひょんな出会いから夢が見つかる可能性だってあるのです。だから，今は夢がない人も自分に自信がない人も「焦らなくて大丈夫だ」と声を大にして伝えたいです。

　本当に自分が夢中になれるものでないと本気で打ち込めないし，長続きはしません。本当に夢中になれることが見つかった時，それに全力で打ち込み，成功体験を積み重ねていくことで，自分に自信がついてくるのです。そして，一つ成功したらもっと高い山を越えたくなってきます。

　そうやって私は宅建試験から始まり，行政書士試験という山を登り，さ

らに事務所開業という高い山を登り，今に至ります。挑戦する前に諦めてしまうのはもったいないことです。自分に自信が持てないのは，ただ，挑戦する機会に今まで出会えてないだけなのです。

有言実行

　私は今まで，自分のやりたいことはすべて口に出して言ってきました。
「試験に受かりたい。」
「事務所を開業したい。」
「本を書きたい。」
「メディアに出たい。」
　声に出して言うことで，口先だけの人に思われないように必死で努力をするようになり，ヒントやチャンスを与えてくれる人が自然と周りに増えていきます。だから私は，これからもやりたいことをたくさん口に出していこうと考えています。
　「他人は自分を映す鏡」という表現は本当にそのとおりだと思います。言い換えれば，自分が変われば相手も変わるはずです。自分に自信がなく，すぐに諦めてしまっていた時には，同じ境遇の友人が周りにたくさんいたし，何かに夢中になって必死で努力しているときは，同じく目標に向かって必死で努力している友人がたくさん集まってきました。

自分が変われば出会いも変わる

　自分が成長することで，これから先に出会える人も変わってくるはずです。そうして新たな出会いによって，自分ももっと頑張ろうと思い，努力し，日々進化することができるのです。
　環境を変えるためには，まず自分が変わるしかありません。行政書士試験に合格して，事務所を開業してから，尊敬できる人との刺激的な出会いがたくさんありました。今ある出会いのすべては，資格試験に合格して得られた「自信」と「新たな自分」のおかげなのです。

第1章

新たなステップへ！
行政書士試験にチャレンジ

私を動かした恩師たちの一言

👟 人生を変えた宅建カリスマ講師との出会い

　本章では行政書士試験に合格するために，どのような戦略で挑んだかをお伝えします。今でも私のSNSには，毎日のように受験生から勉強に関する悲痛な相談が寄せられます。その他にも，「どうして行政書士になろうと思ったのですか？」，「行政書士試験を受けようと思ったきっかけを教えてください」というメッセージが多数届きます。

　実は私自身，行政書士試験はもちろんのこと，行政書士という資格・職業のことすら理解していませんでした。

　では，どうして受験したのかというと，そこには私の人生を変える恩師との出会いがありました。

　私が宅建試験の受験生だった頃，当時私が通っていた日建学院の映像講義で吉野哲慎先生（吉野塾塾長）と出会いました。出会ったといっても，それは画面越しです。

　はじめて吉野先生の講義を映像で視聴したときの，全身にビビッと稲妻が走ったような感覚が今でも忘れられません。声のトーンから話すテンポ，そして何より頭に入ってきやすい講義の内容，私は帰ってから吉野先生についてネットで調べてみることにしました。

　すると，SNSやYouTubeが見つかり，特にYouTubeは「こんなに質が高い講義動画を誰でも視聴することができるなんて，もったいないんじゃないか」と思うくらいに感動しました。

　さらに調べてみると，個人で宅建試験向けの「吉野塾」を運営されていて，合格祝賀会も開催するとの情報も得ました。そして，私はこの時決心しました。

「宅建試験に合格したら絶対に吉野先生に会いに行くぞ!!」

まさか，この思いつきと直感が，**人生を変える出会いになる**なんて，この時は想像すらしていませんでした。

もちろん合格しないと祝賀会には行けないので，無我夢中で勉強しました。やっぱり目標があるのとないのとでは，やる気は天と地ほどに違いますね。こうして全力疾走の結果，見事一発合格した私は祝賀会参加の切符を手にします。山梨県から東京に行く…。それだけでもとてもワクワクし，行きの電車では興奮が止まらず，ずっとソワソワしていました。

祝賀会の会場に着くと，すでにたくさんの合格者や関係者が集まっていました。私は吉野塾生ではなかったため，全員が「はじめまして」でした。ちょこんと隅っこにいたのですが，すぐに何人かの方が気さくに声をかけてくださいました。それからしばらくすると，吉野先生が登場しました。

画面越しから対面に変わった瞬間です。それがリアル恩師との出会いでした。一次会が盛り上がってきた頃，二次会の話が出て来ました。終電の時間を気にしつつも，二つ返事で参加することにしました。

二次会会場に着くと，そこは靴を脱ぐスタイルのお店でした。それを知らなかった私は子供っぽいリラックマの靴下を履いていってしまったのです…！　すぐ隣にいた吉野先生に「靴下かわいいね（笑）」と突っ込まれ，強烈な第一印象を与えてしまいました（今でも笑い話になるほど！）。

でも，これがはじめて吉野先生と会話した瞬間でした。

🏃 「大丈夫」の一言をくれた恩師との出会い

宅建試験の合格後，もう一人の恩師と出会います。当時，社会問題として注目され始めた「脱炭素社会」に関心をもった私は，クリーンなエネルギーとして注目されていた水素エネルギーに興味が沸き，「高圧ガス製造保安責任者　乙種化学」という国家試験を受けてみることにしました。

しかし，理系でもなく，そもそも化学の授業すら受けたことがありません。私の頭の中は，完全に小学生で習う「理科」で止まっていました。

「H₂O＝水」という化学式すら知らなかった私が，この試験を受けるなんて無謀とも思える話です。

　でも，一度気になったことはとことん追求していきたい性格なので，そう簡単に諦めるわけにはいきませんでした。

　「絶対無理だよ」，「諦めろ」と，たくさんの大人に言われました。誰にだって"絶対"なんてことはないのに，可能性を否定されて悔しくて泣きました。

　それでもめげずに辞書並みに分厚い過去問5年分を徹底的に仕上げました。もちろんどうしてもわからない問題も出てきます。そんな時，地元・山梨県で青春の夢請負人講師として有名で，塾を経営する雨宮良一先生（塾日和）に相談をしてみました。

　私の学力を知る雨宮先生に，単刀直入に質問してみました。

　「今の私でも，合格できる可能性は少しでもありますか？」

　雨宮先生は迷うことなく，「**大丈夫**」と答えてくださいました。それが嘘でも本当でも，散々諦めろと言われてきた私にはとても嬉しい返答でした。

　この時の雨宮先生の言葉があったことで，「人間不可能なことなんてないのだ！」とポジティブに捉えられるようになりました。

　「**私は失敗したことがない。ただ1万通りの，うまくいかない方法を見つけただけだ。**」

　"I have not failed. I've just found 10,000 ways that won't work."

　アメリカの発明家トーマス・エジソンの名言で，私の好きな言葉の一つです。「失敗ではなく，成功するための実験だった。」そう思えばどんなチャレンジだって怖くありません。

　一番怖いことは，やる前から無理と決めつけてチャレンジしないことで

す。人間絶対不可能なんてことはない。そのことを私が証明します。

▶解いた計算問題

🦆 不可能なんていうことはない

「H_2O = 水」どころか，「CO_2 = 二酸化炭素」すらわからなかった私が，バリバリ理系の人たちに囲まれて受験した結果，見事にトップの成績で合格を果たすことができました。

高圧ガス
製造保安責任者免状

▶合格し手に入れた免状

この結果を見た時，雨宮先生の「大丈夫」という言葉を思い出しました。「本当に大丈夫だった…。やっぱり人間って不可能なことなんてないんだ。」そう確信した瞬間でした。

　私は，この合格結果を宅建試験の恩師・吉野先生にも報告しました。宅建士とは違ったジャンルの資格だったので，はじめは驚かれましたが，自分のことのようにとても喜んでくださいました。そして，私の有言実行する力や日々努力を欠かさない姿を認めてくださり，なんと一緒に対談動画を撮ってYouTubeにアップしていただけることになりました。

▶宅建士講師・吉野先生との対談動画（コロナ禍の撮影のためマスク着用姿で）

行政書士試験の受験に舵を切る

　動画のテーマは，もちろん「宅建試験の勉強法」です。どんな内容にするか，何度か打ち合わせを行い，宅建士の資格や資格試験について熱く語り合うことも多くありました。

　ところが，ある日の打ち合わせで突然，吉野先生が「行政書士試験を受けてみたらどう？」と言い出したのです。その時，そもそも行政書士がどういう資格なのかを知りませんでしたが，ただ一つ，**とんでもなく難しそうな試験**ということだけはわかりました。

　私は，「無理です」と即答しました。

　でも，また5分くらい経つと「行政書士試験チャレンジしてみなよ」と言うのです。また私は「無理です」と答えました。

　まるでコントのようなやり取りですが本当の話です。そして，とうとう3回目に言われた時，私は思いました。

　「できないと思ってる人にこんなに言ってくれるだろうか？　言ってもらえるだけ幸せなことなのではないか」と。つまり，無理だと思う相手には，まさか3回も言わないだろうと思ったのです。

　今までの過程を見て，きっと「この子ならやり遂げるだろう」と思ったのではないかと考えると，恩師の気持ちに応えたくなりました。

　そして，頭の中では「行政書士試験を受験する」という方向に徐々に私の心情は変化していったのです。

行政書士合格を目指した第一歩
〜予備校探し

🏃 行政書士試験の合格へ導いたカリスマ講師との出会い

　私の唯一の取り柄は，「誰にも負けない行動力」です。吉野先生に勧められた次の日には，予備校を２校までに絞り，実際に電話で問い合わせまでしていました。

　たくさん悩んだ挙句，宅建士の時にLEC東京リーガルマインドの教材が使いやすかったこともあり，その直感を信じて，お世話になることに決めました。といっても，東京には校舎もたくさんあります。１年近く通うことになるので，どの校舎にすべきか，真剣に悩みました。

　地元・山梨からの通いやすさから，新宿本校か渋谷本校の２つに絞り込みました。問い合わせの電話を切る間際，電話口からふいに「渋谷校の横溝先生も人気ですよ」と聞こえました。

　すぐに渋谷校の横溝慎一郎先生についてリサーチをしました。検索していると，YouTubeで横溝先生の映像を見ることができ，聞きやすい声のトーン，優しく語りかけるような話し方に魅了されました。

　さらには，受験生に向けてブログも日々更新され，直前期にはイベントも熱心に開催されています。「**こんな熱心な先生のもとで，自分を限界まで追い込んで頑張ってみたい**」と思い，渋谷校での受講を決めました。

　渋谷校の講義は，日曜クラスと平日クラス（週２日）があり，私は平日クラスを選択しました。その理由は，平日クラスは「民法」からのスタートだったからです。宅建を勉強した私にとって，宅建試験の「権利関係」が，行政書士試験の民法と少し学習範囲が重なっているため，取っかかりやすいと考えたのです。

🖐 宅建で身につけた民法の知識を広げ，深める

　行政書士試験の勉強を始める前，「宅建試験の民法と行政書士試験の民法は難易度が違いすぎるからあまり意味ないよ」と聞いたことがあります。

　私の結論としては，それとは真逆の意見で，むしろサクサクと学習を進めていくことができました。

　たしかに，行政書士試験のほうが学習範囲は広いですし，より深く聞いてくる問題が多いです。しかし，基本的なところは同じで，それにさらに肉付けしていく感じです。行政書士試験になってからも，民法が一番得意で，模試でも満点を取ることが多かったです。

　一度耳にしたことがある法律用語が並んでいる科目なので，抵抗なく学習を進めることができました。もし宅建試験などで民法を学習した経験があるなら，行政書士試験でも民法から学習をスタートすることを私はお勧めします。

🖐 より理解を深めた質問タイム

　平日クラスは週に2日，学校へ通わなくてはいけません。講義は夜間なので，講義が終わった後，新宿から山梨行きの電車に乗るのが23時。家に着くころには夜中1時を回っていました。それでも頑張れたのは，横溝先生のわかりやすく，楽しい講義のおかげです。

　講義後には，横溝先生に質問できる時間が設けられています。私は毎回質問しに行っていたため，質問がない日のほうが珍しかったのか，「あれ？　今日は質問ないの？」と横溝先生から声をかけていただいたこともあり，正直すごく嬉しかったです。

　この質問時間では，ただ漫然と聞いていたわけではありません。講義が終わって家に帰ったら，復習をして，わからなかったところは付箋をつけます。この時，ただ付箋をつけるのではなく，「①どこの，②どの部分が，③どのようにわからないのか」をより具体的に付箋に記してから質問する

ようにしていました。

　質問をより具体化して「質問力」を上げておくことで，スムーズに質問
することができ，自分の頭の整理にもなるので，より一層理解が深まりま
す。(「質問力」については第2章で詳述します。)

　私はこのように質問内容を具体化してから授業後に横溝先生へ聞くよう
にしていました。どのような内容を，どのような角度から質問しても，何
かを見るわけでもなく，パッと答えてくれた横溝先生に，毎回驚いていた
のと同時に，憧れも芽生えてきて，「私も追いつけるように頑張るぞ!!」
という気持ちにさせてくれました。

　私は，「勉強は勉強!!」と割り切るタイプのため，教室内で他の受講生
とほとんど会話したことがありません。私が受講していたクラスも同じ考
えの人が多かったのか，生徒間で話す姿はほとんど見ませんでした。そん
なクラスの雰囲気もすごく大好きで，この横溝先生のクラスに通って心か
らよかったと思っています。合う合わないは人それぞれなので，自分に合
う予備校を探すとよいでしょう。

勉強開始っ…え，行政書士ってなに？

🦆 全力疾走で勉強スタート

　行政書士と聞いて皆さんは何を思い浮かべますか？

　前述のとおり，私は「行政書士」という職業をあまりよく知りませんでした。一点集中型の私は，目の前の受験勉強に必死になりすぎて，その肝心なところを知らないまま全力疾走で勉強していました。

　勉強を開始してから半年ほど経過し，勉強スタイルにも慣れてきたころ，一度立ち止まってみることにしました。大事なことを忘れている気がしたのです。

「行政書士って何だろう？」

　それまであまり考えたことがありませんでした。聞いたことはあるけど，いざ，「どんなことができる職業なのか」と聞かれたら即答することはできませんでした。仕事内容も理解せずに，よくこんなに全力疾走で半年間も勉強を続けられたなと自分らしさに笑ってしまいました。

🦆 勉強している意味を問い直す

　無我夢中で勉強だけに没頭していると，「なんで自分はこんなに勉強しているんだっけ？」とふと思う瞬間があります。直前期が近づいてきて，苦しさが増してくると自分が勉強している意味を探す回数は増えていき，立ち止まってしまうことが多くなりました。

　「行政書士の正体がわかって，行政書士の職務内容がもう少し理解できるようになったら，勉強がまた楽しくなるかもしれない。」

　そう思った私は，ついにGoogleで「行政書士　仕事」と検索しました。すると，「官公署（各省庁，都道府県庁，市・区役所，町・村役場，警察

署等）に提出する書類の作成，同内容の相談やこれらを官公署に提出する手続について代理することを業」とするという結果が出てきました。

　正直，これだけ見てもどんな職業なのかがいまいちピンときません。余計に気になった私は，さらに詳しく調べてみることにしました。そうすると，許認可業務や民事系業務など行政書士の扱う仕事の範囲は非常に広く，許認可手続だけでも1万種類を超えるといわれていると知りました。

　さらに，行政書士の仕事について調べてみると，営業許可や宅建業免許申請，古物商許可，外国人の在留資格のサポート，車庫証明など身近でも聞いたことがあるものが複数出てきたことで，「行政書士ってどんなことができる職業なのか」がぼんやりと見えてきました。

　「もし合格できたらどんな業務をメインにしよう。」

　「実務はどのようにして学んだら良いのだろう。」

　考え出したら止まりませんでした。しかし，今，実務のことを一生懸命考えても，資格試験に合格できなければ道は開けません。

　「行政書士試験は，本試験の日から合格発表まで約2か月半ある。実務のことはその期間に考えればよい。今はその切符を手にするべく目の前の受験勉強だけに一生懸命になろう。」

　そう決心した私は，それ以上リサーチすることはなく，またいつもの勉強の日常に戻っていきました。しかし，ぼんやりと先が見えたことによって，より一層勉強に身が入るようにもなりました。

行政書士試験特有の敵を倒す戦略

🌀 相手を知る

　これまで，民間検定・資格では英検準2級，マイクロソフトオフィス スペシャリスト（MOS），ドローン検定1級など，また，国家試験では宅地建物取引士試験，高圧ガス製造保安責任者（乙種化学）試験，行政書士試験，二等無人航空機操縦士試験に合格しました。

　高校卒業後，社会人になってから資格勉強に目覚めた私ですが，どの試験においても合格基準点を遥かに上回る成績で一発合格することができました。かといって，記憶力が特別に良いわけでも，頭が良いわけでもありません。

　ただ，共通していることは，**勉強を始める前に「今から受ける資格試験について徹底的にリサーチし，戦略を練ること」**に全力を出しただけです。過去問5年分を満遍なくしっかり対策すれば合格に近づける試験もあれば，過去問題集だけでは対策が不十分な試験など，各資格試験に合わせて臨機応変に対策する必要があります。その「下調べ」に一番力を入れました。

🌀 過去に受けた資格試験と行政書士試験との違い

　行政書士試験についても，勉強開始前に徹底的にリサーチをすることにしました。しかしすぐに，私の手は止まってしまいました。

　「法令科目」と「一般知識科目」がある？

　「足切り」がある？

　「記述式問題」がある？

　正直，試験概要をすぐに理解することができませんでした。まず，今までに私が受けてきた試験には**足切り制度**というものがなかったからです。

　「どうやら，行政書士試験の場合，いくら法令科目で良い点数を取って

も，一般知識で6/14点取ることができないと一発アウトになってしまう…。」

その恐怖の中身を覗いてみると，以下のような内容で構成されていることがわかりました。

〈一般知識科目〉
・政治・経済・社会
・情報通信・個人情報保護など
・文章理解

ここで私は一つの大きな壁にぶち当たります。最終学歴が通信制高校卒業の私は，「政治・経済」をそもそも学んだことがなく，「現代文」は授業があったものの勉強した記憶がないほどまともに勉強していなかったのです。新聞やニュースを見ることもなく，時事問題にも弱かった私は一気に不安に襲われました。

そうはいっても「"一般知識"というくらいだし，半分は取れるだろう」と軽い気持ちで，まずは力試しに過去問を解いてみることにしました。しかし，その淡い期待はすぐに物音を立てて崩れていきました。

1問目，2問目，3問目…。あの時の絶望感は今でも忘れることができません。1問も正解することができなかったのです。

それもそのはず，私は行政書士になるまで「日本に大統領がいる」と思っていたのです（恥ずかしい…）！！！

🖐 一般知識は本当に常識問題なのか

行政書士試験の「一般知識」はよく大学入試レベルといわれています。仮に，大学受験が遠い昔だという方でも，経験者であれば昔の感覚を取り戻せば，消去法を駆使しながら足切りにならない程度は正解することができるでしょう。また，普段から新聞やニュースを見ている方は時事問題にとても強いでしょう。

　そもそも行政書士試験に受験資格がないとはいえ，「受験する人たちにとっては常識問題なのか…」ととても落ち込みました。しかし，くよくよしていても前には進めません。一般知識に危機感を覚えた私は，同じ境遇の人がいないかインターネットで情報収集を開始しました。

　すると，過去の受験生で私と同じように一般知識が苦手だったという人の記事をいくつか見つけました。しかし，出てくるのは「政治・経済・社会」が苦手という人ばかりで，その代わりに「文章理解」でしっかり点数を取りこぼさないようにしていたのです。「政治・経済・社会」はいくら勉強しても，正直何が出題されるかわからないので対策のしようがありません。それも，法令科目と同時に対策をしなければならないのでとても非効率です。「文章理解」は，パターンが決まっているのでしっかり対策すれば点数に結びつきやすいのです。数学と違って国語はすぐには効果が出ません。しかし，コツコツ努力を積み重ねていくことで，ある時から急にグーンっと伸びるようになります。

⑤ 苦手ならスタートから特訓する

　多くの受験生が直前期に「一般知識」の勉強を始める中，私は勉強開始当初から1日2問ずつ文章理解の問題を解く特訓をしていました。もちろん，1日2問も解いていたら行政書士試験の過去問題だけではストックが底をついてしまいます。そこで，大活躍したのが，公務員試験用の文章理解の対策本です。

　行政書士試験の過去問題集と，公務員試験用の二刀流で「文章理解」を毎日必ず2問解くことをルーティン化しました。繰り返しますが，国語力はすぐには伸びません。積み重ねが大事です。試験直前期にそのことに気づいてしまったら致命傷になりかねません。

　もし一般知識が苦手であれば，過去問題集で「文章理解」の問題を解いてみて，自分の今の実力を確かめてみてください。もしもあまりにも点が

取れていないのであれば，早めにスタートし，積み重ねていくことをオススメします。私はこの時の決断と対策が功を奏して，本試験で全問正解することができました（各科目の勉強法は第5章でお話しします）。

⑤ 択一式＝記述式と捉えて勉強する

　二つ目の大きな壁は「記述式問題」です。行政書士試験には，問題文を読み，規定の文字数（40字程度）で解答を文章で記入する問題が3問出ます。配点は3問で60点ととても高く，対策を疎かにするわけにはいきません。

　択一式は，選択肢の中から解答を選べばよかったのですが，記述式の場合は自分で文章にする必要があるので，曖昧な知識のままだと解答が難しくなってきます。

　さらには，ある程度の訓練を積まないと，頭にはぼんやりと浮かんでも，それを文字で表すことに苦戦します。解答は，一字一句同じである必要はありませんが，主語の間違い，「又は」や「かつ」といった言葉の意味を変えてしまうミス，「重過失」と記入すべきところを「過失」と解答してしまう用語ミスなどは大きな減点につながるので注意が必要です。

　私の場合，はじめからガッツリと記述式対策をしていたわけではありません。**択一対策こそが記述対策だから**です。いきなり記述式の問題集を解こうとするのではなく，日々の択一対策の中で，「又は」なのか，「かつ」なのかといったところや，「重過失」なのか，「過失」なのかといった細かいところにも目を配り，しっかりポイントを押さえておくことで，後の記述対策の時に大いに役に立ちました。

　また，記述式の問題文には，「**①誰が，②誰に，③どのような**」といったように解答するうえでヒントとなる重要なキーワードが隠されています。はじめは記述問題を解こうとするのではなく，どのようなポイントが問われているのかを軽く把握したうえで，択一式問題の学習の時に意識していくことから始めることが大切です。

　このように，**記述式問題のためだけの学習をしないこと**を当初から心がけたことによって，本試験では60点中44点を獲得することができました。なお，実際の私の本試験での記述式の答案を第4章で公開します。

　また，科目ごとに対策の仕方や戦略が異なります。ただ闇雲に問題集を回していても合格は近づいてくれません。具体的な戦略は第5章で詳しくお伝えします。

周りに堂々と一発合格を誓う!!

⑤ 苦しい時に心に留めていること

　試験勉強はとてつもなく厳しく険しい長い道のりです。途中で自分を見失ってしまったり，挫折してしまったりする人も多いのが現実です。

　「新たな世界に飛び込む時って辛くて怖くて不安だよね。苦しい時って，ずっとこれが続くんじゃないかって錯覚しちゃうんだけど，いつかそんな日もあったねと笑える日が来るよ。」

　これは苦しい時に，いつも自分自身に言い聞かせていることです。それまで問題児として生きてきた私にとって，行政書士試験へのチャレンジはまるで異次元に迷い込んでしまったような感覚でした。

　不安の波が押し寄せてきては全力でいっぱい跳ね返し，ただただ真っすぐに，ブレずに前に進むことに必死でした。その過去の葛藤のおかげで，今こうして本を執筆するという夢を叶えられています。

　今までもそうでした。すごく辛いことがあった時，苦しかった時，その時はずっとそれが続くんじゃないかと不安でいっぱいでした。けれど，そんな日々ですら今となっては笑い話。

> したい人，10,000人。
>
> 始める人，　 100人。
>
> 続ける人，　　 1人。

　受験勉強で苦しい時，これを自分に置き換えて考えていました。行政書士試験を受験したいと思った人，10,000人。実際に勉強を始める人，100人。本試験まで辿り着けた人，1人。

　今，実際に勉強を継続していることだけでも，すごい確率なのです。苦しくなった時，挫折しそうになった時は，一度立ち止まって自分のことを褒めてあげましょう。

　私も必死でした。問題児から卒業したい，人生を変えたくて無我夢中でした。今，苦しんでいるこの過程はきっと未来の自分を輝かせてくれるはずです。

🏃 行政書士試験への挑戦をSNSで宣言！

　行政書士試験の合格に必要な勉強時間は，一般的に予備校などで講座を利用した場合は600時間，独学者は800 ～ 1,000時間といわれています。

　予備校には1年近く通うことになります。そんな長期間の学習をしたことがなかった私は，当初は継続できるか自信がありませんでした。そのため，友人にも，SNSにも公表することなく行政書士試験の勉強を進めていました。

　そんな時，宅建受験時代に一生懸命エールを送ってくれたフォロワーの皆さん，私を見て自分も宅建を受験しようと決めてくれた友人やフォロワーの皆さん，「勇気をもらいました」とメッセージを送ってくれたフォロワーの皆さんのことを思い出しました。

　「行政書士試験にチャレンジすることを公表することによって，また誰かの背中を押すことができるんじゃないか？　公表することで自分自身も逃げることができなくなるんじゃないか？」と考えた私は，Instagramのストーリーズにこう投稿しました。

「行政書士試験にチャレンジします!!　絶対に一発合格します!!」

突然の宣言だったのにもかかわらず，たくさんの反響がありました。正直はじめはすごく不安でした。「絶対無理だよ」「やめときな」といった，厳しい言葉を叩きつけられるんじゃないかと思っていました。

でも，続々と届くメッセージには温かい言葉ばかりで胸がぎゅーと熱くなって，私には最強の味方（＝フォロワー）がいることを改めて実感しました。

🏃 限界を突破する原動力

それだけではありません。「口だけだ」と思われるのだけはすごく嫌で，負けず嫌いな私は，SNSで宣言することで自分にプレッシャーをかけることに成功しました。行政書士試験への挑戦を公表してから本試験まで，1日たりとも勉強しない日をつくることなく，がむしゃらに走り続けることができました。

休日の勉強時間は，10時間を超えていて叫びながら勉強していたくらいです。大きな声を出して泣くとスッキリすると聞いたことがありますが，それと同じで，集中力が切れて，「もう無理！」と限界を感じても，大声を出すことでスッキリしてまた勉強を継続することができたのです。

もちろん，長時間勉強すれば良いという問題でもありません。でも私は，要領が良い人間ではないので，その分，人の倍は努力してカバーするようにしていました。**勉強への不安は勉強することでしか解消できないのです。**

ちなみに，公表したのは，Instagramだけではありません。TikTokやTwitterにも一発合格を宣言していました。Twitterは，アカウント登録していたものの，ほぼ利用していなかったのですが，行政書士の受験勉強の開始を機にしっかり始めてみることにしました。

Twitterなどの SNSで他の受験生とつながることについては賛否両論あります。私も実際に，「他人と比較して落ち込むだけだからあまり見ない

ほうが良い」と何度か指摘されたこともあります。

　では，実際どうだったのかというと，私は利用して良かったと心底思っています。

　時には，勉強をさぼりたくなる日だってあります。そんな時，Twitterを開くと必死に机に向かって勉強を頑張っている受験生がたくさんいるのです。

　それを見て，私は居ても立ってもいられず，すぐに机に向かい直しました。社会人になってからの資格試験は，学生の頃と違い，一人で孤独な闘いです。そんな時だからこそ，SNSを上手に活用することによって自分を何度だって奮い立たせることができました。

　SNSで「絶対に合格します!!」と宣言したことで，良い意味で常に自分にプレッシャーがかかり，本試験で良い結果を残すことができたのです。

毎日のルーティンを確立させる

✍ ムリに朝型に切り替えない

　試験勉強を始めると，朝が苦手なのに，「頑張っていつもより早く起きて勉強しよう!!」と一度は思ったことがありませんか。私もその一人です。

　朝が得意な人もいれば，夜が得意な人もいると思います。私は，昔から朝が大の苦手です。太陽が沈むと元気になり，朝日が昇ると萎んでしまう人間です。完全に夜型人間ですね。

　ただでさえ，苦痛やストレスも伴う受験勉強。無理に生活スタイルまで朝型に変えても余計にストレスを感じてしまいますし，頭に全く入ってきませんでした。自分の頭が一番冴える時間は人それぞれです。自分に合った時間帯を見つけられると良いですね。

✍ ネイルサロンでも，美容院でも勉強はできる

　社会人になると，勉強ができる時間は限られてきます。限られた時間をどれだけ有効活用できるかが最も大切となってきます。一般的によく使われるスキマ時間は，通勤電車などの移動時間ではないでしょうか。

　もっともっと探してみると意外な場面で時間を見つけることができます。私は日々の自分の生活を振り返ってみました。無駄にしてしまっている時間はないだろうか…。

　そこでネイルの待ち時間が頭に浮かびました。1回のネイルサロンでの施術時間はシンプルなデザインでも2時間は要します。その2時間は，ペンを用いなくてもできる苦手な箇所の読み物に充てることにしました。

　きっと，異様な光景だったと思います。ギャルが片手を施術してもらっている間に，片手で憲法の教材を握りしめていたのですから。

▶ネイルサロンでも勉強　　　　　　▶美容院でも勉強（六法持参）

　他にも無駄にしてしまっている時間はないだろうか…。また浮かんできました。美容院の待ち時間です。カットだけだとあまり時間はかかりませんが，「ハイトーンカラー，エクステ，ヘアセット」，名付けてギャル3点セットには，3時間ほどの時間を要します。

　今までその3時間はスマホをいじるなど無駄に過ごしていたことに気がつきました。そこで，美容院に『六法』を持っていくことにしました。行政手続法や行政事件訴訟法の準用関係などの重要条文をしっかり押さえる時間に充てました。

　美容院に『六法』を持参する人は，前代未聞だったようで美容師にも相当驚かれましたが，周りに迷惑をかけることはしていません。いくら好奇の目で見られたとしても関係ありません。

 私の主な勉強場所は「自宅」

　受験勉強の場として，「カフェ勉vs自宅勉」の論争がよく繰り広げられています。実際私も，「普段はどこで勉強することが多いですか？」とよく聞かれます。

私の場合は「自宅9：カフェ1」くらいの比率でした。基本は自宅での勉強，たまの息抜きにカフェを利用する程度です。

特に社会人になると使える時間が限られているなか，仮にカフェまで片道30分だとして，往復1時間は消耗してしまいます。また，メニューを見て決める時間，お会計の時間などすべて合わせると意外と多くの時間を使っているのです。1杯数百円のドリンク。それが毎日のようにかさむとお財布にも良くありません。

では，自宅で勉強した場合はどうでしょう。始めようと思ったら，起きた瞬間から勉強を開始することができるのです。勉強をしていると眠くなってくることもあります。そんな時に，無理やり勉強をしようとしても頭に入ってきません。人間は，**効率的な仮眠を取ることで脳のパフォーマンスが向上する**といわれています。

10〜15分ほどの適切な仮眠を取ることで，眠気を取ってくれるだけでなく，「レム睡眠」による効果で脳を整理してくれ，集中力アップにもつながります。私は少しでも眠気を感じたらすぐに仮眠を取るようにしています。この仮眠を取ることができるのも自宅勉強のメリットの一つです。

⑤ いつでも，どこでも勉強するためキャリーバック生活

基本が自宅勉強の私でも，1年間ずっと自宅でばかり勉強していると飽きてしまいます。そんな時はたまに気分転換を兼ねてカフェで勉強することがありました。

ただ，どうしても自宅以外の場所で勉強するとなると，教材の持ち運べる量が限られてしまいます。1日に複数科目を勉強するスタイルの私にとって，教材が少ししか持ち運べないことがネックでした。

そこで，キャリーバック生活を思いつきました。カフェに行くときも，旅行に行くときも，実家へ帰る時もキャリーバックでの移動。そうすることで大量の教材を持ち運ぶことができ，自宅で勉強するのと同じ環境を作ることができました。

「どうせ同じ期間を過ごすなら，楽しい時間を過ごしたい。」

　常にそう考えていました。すごく単純なことですが，ちょっとしたアイデアと工夫で快適で楽しい受験期間にすることができますよ。

はななちゃん|ぎゃる行政書士 ✅
@nanan1250

少しの空いた時間でも
効率よく使いたいから

参考書持ち歩くために
最近キャリーバッグ行動してるんだけど

「旅行いくんですか？」って聞かれるたび，まさかこの中が参考書だらけ
なんて口が裂けても言えない🍌

#行政書士受験生　#がち勢
Translate Tweet

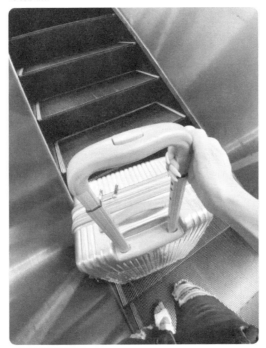

10:52 PM · Aug 1, 2021

▶キャリーバック移動の様子をTwitterに投稿

時間の有効活用とはこういうこと

🐥 自分と向き合い，自分に厳しくなれるか

　皆さんの考える空き時間とはどんな時を想像しますか。特に社会人の資格試験勉強では，いかに普段の生活からスキマ時間を見つけられるかが<u>重要なポイント</u>となります。

　1日24時間ある中で，使える時間は人それぞれです。

「仕事が多忙だ。」

「家事で忙しい。」

「子育てで勉強時間が確保できない。」

「人付き合いが多くてプライベートも断れない。」

「レポートや課題提出に追われている。」

　このように時間が作れないことを「何かのせい」にはしていませんか。

　ちょっと厳しい言い方かもしれませんが，自分以外の何かのせいにするのではなく，**しっかり自分と向き合える，自分に厳しくなれる人こそが合格する人の特徴**のような気がします。

「時間が確保できないのであれば，どのような時間を有効活用できるのかを模索する。」

「自分に足りないものがあるのならば，自分には何が足りないのか考えられる。」

　嫉妬や僻みを抱いたり，自己嫌悪に陥ったりするのではなく，その事実をしっかり受け止め，「自分には何が足りないのか」を考えられる，そんな人こそが成長できる人なのです。

🐥 いつまでも，何かのせいにしない

　これと似たような話でよく耳にするのが「今年の試験は難しかったから

仕方ない」です。たしかに，年によって試験の難易度に多少のバラつきは
あるでしょう。

　とてつもなく難易度の高い問題ばかりが出題されてしまったら全員試験
に落ちてしまいます。しかし，毎年合格できている人がいるのも事実です。
多少バラつきがあっても，どんな問題が出題されても合格ラインを超える
勉強法を選べば良いのです。

　受験生が誰も解けない高難易度の問題は，直接，合否には影響はないで
しょう。受験生なら落としてはいけない問題や得点源にできる問題をいか
に落とさず拾っていけるかが大切なのです。

　私自身も，受験したときに「今年は民法が難しかった」，「一般知識が難
しかった」など不満をボソボソ呟いていました。しかしそんな感情は一瞬
で消えました。「**いつまでも何かのせいにしていたら自分が成長できない**」
と思ったからです。

　私には解けなかったけど，解けた人がいたのも事実です。それなら，試
験のせいにするのではなく自分が対策不足だったんだなとまずは受け入れ
ることが大切なのです。そうすることで，「次に活かすにはどうするべき
か」という道が見えてきます。

🦢 勉強時間が確保できないことを受け入れる

　さて，話は戻りますが，**まずは勉強時間が確保できない自分を受け入れ
てあげましょう。**そこからどんな時間が有効活用できるのかを1つひとつ
模索することから始めてみます。私の場合は以下のようなポイントです。

　①美容院で髪を染めている時間は何をしている？

　②ネイルサロンで施術を受けている時間は何をしている？

　③電車での移動時間に何をしている？

　④友人と会うときはただ遊んでいるだけ？

　⑤トイレに入っている時は何を考えている？

①美容院で髪を染めている時間，ついスマホをいじっていませんか？

☞今すぐやめて，美容院に『六法』を持参していきましょう。書くスペースはないかもしれません。周りの雑音が気になって問題は解けないかもしれません。それなら，「行政手続法」の条文を読みましょう。読むだけでいいのです。

②ネイルサロンで施術を受けている時間，ネイリストとの会話に夢中になっていませんか？

☞今すぐやめて，「多肢選択式の問題」を持っていきましょう。択一問題はネイルサロンで解くことが不可能でも，多肢選択式は妥当なものを選ぶ形式なのでネイルサロンでやろうと思ったらできます。私は毎日，多肢選択式問題を2問解いていましたが，ネイルサロンで終わらせてしまえば，帰宅後のノルマが減らせました。

③電車での移動時間，スマホでSNSを開いていませんか？

☞今すぐやめて，スマホに「暗記しようフォルダ」を作成して，自分が苦手な箇所のテキストや問題集の解説をスクショ（スクリーンショット）してストックしたものを確認する時間に充てましょう。教材を開こうとする気は起きなくても，スマホに入っている画像なら気軽に見ることができますよね。

④友人とファッションの話や恋バナをしてただ遊んで帰ってきていませんか？

☞今すぐやめて，友人に会った直後でも，解散間際でも，10問だけ問題を出してもらいましょう。その時，ただYESかNOで答えるだけではダメです。法律知識がない友人でも理解できるように自分の言葉で説明しながら解答するのです。人に教えられないということは，自分が理解できていないということを把握できるからです。

⑤トイレに長く入っている時，ただボーっとしていませんか？

☞今すぐやめて，トイレの壁に貼った紙を見つめましょう。トイレの壁
　にはどんな貼り紙をしたって良いのです。「努力義務と法的義務の違
　い」を書き記したって構いません。私は，内閣，国会，裁判所の三権
　分立を紙に書いて貼っていました。

これらの具体例は，ほんの一部にしかすぎませんが，「**時間は待つもの
ではなく，作るもの**」です。日々の生活の中で自分なりに工夫してみるこ
とで，ひょっとしたら意外なところから時間が捻出できるかもしれません。

自分へのご褒美を考える

　どんなにスポーツが好きで体力に自信がある人でも，ずっと走り続けていたらいつか息切れしてしまいます。勉強だって同じです。どんなに勉強が好きで集中力が高い人でも，ずっと全力疾走し続ければいつかは集中力が切れてしまいます。息切れしてしまった時にいかに早く回復することができるかが大事なのです。

　私は小さな頃から温泉が大好きでした。地元が山梨県ということもあり，自宅の近所にはたくさんの温泉施設があります。

　「今日はここまで頑張ったら，夜は温泉に行くぞ!!」と定期的に自分にご褒美を与えることで，これまでの勉強がいつも以上に気合いが入りました。温泉に行けた後は気持ちが回復し，また1から良いスタートを切ることができます。

　温泉以外にも「Uber Eats」で注文するというご褒美や，「寝る前に大好きな怖い動画を見る」というご褒美もありました。目標が達成できた時には，「自分よく頑張ったね!!」という言葉のご褒美もありました。

　ご褒美はどんな些細なことでも良いのです。段々と本腰を入れて勉強をするようになってくると，少しの息抜きでさえ「罪悪感」を覚えてくるようになっていきます。

　直前期には，夢の中でも毎日勉強をしていました。夢で見たテキストのページと現実のテキストのページが一致したときには，とても驚きました。それだけ精神的にも追い込まれていたのだと思います。

　水をあげないと花はいつか枯れてしまいます。枯れてしまわないように自分にご褒美を与えてあげることも大切なのです。

第2章

一発高得点合格者は
勉強法までオリジナル

ノートは一切取らない派

🐥 無駄な作業はしない

　まず，勉強を始めようとするとき「ノートへ綺麗に書き写そう」と考える人は多いのではないでしょうか。私は資格の受験勉強において，ノートを取ったことが一度もありません。これは，行政書士試験においても同様です。

　皆さんの目の前には，自分で選び抜いた1冊のテキストがあると思います。それはどんなテキストでも構いません。私たち受験生ではなく，その道のプロが作成したテキストがあるのに，さらに**それを書き写す作業は無駄**だと思っています。

　ノートへ書き写す作業にはとてつもない時間と体力を消耗するため，その作業だけで勉強した気になってしまい，費用対効果がとても悪く感じます。また，学んだ知識がバラバラに分散されてしまっているのはあまりよいとはいえません。

　学んだ知識を1冊に集約して一元化することによって，**持ち運びやすさ**だけでなく，「どこに何が書いてあるか」などの**検索性の向上**にもつながり，とても効率よく頭に整理されやすくなります。

🐥 自分オリジナルのテキストに作り上げる

　自分の選び抜いたテキストに，どんどん自分の言葉で書き足していき，**世界で1つのオリジナルテキスト**を作りましょう。

　新たに補足として付け足したいところ，模試などで間違えてしまったところ，自分が苦手だなと思うところをすべて1冊のテキストに書き足していき，**情報を一元化することで見やすくすること**が大切です。

　私のテキストはいつも真っ黒になりました。それほど後から付け足した

書き込みが多いです。今理解できても，数日後に見たら「あれ？　どういう意味だっけ？」と思うことはありませんか。

　人間は誰しもすぐ忘れてしまう生き物です。その思い出す作業を短縮するためにも，面倒くさがらずコツコツ情報を蓄積させていきました。

　綺麗に書き込む必要はありません。あくまでも自分が読める範囲のメモ書き程度のクオリティーで良いのです。そして，この作業が後で自分をとても楽にさせてくれます。

▶たくさん書き込みをした実際の使用テキスト

大公開！　ギャルはテキストをこう使う!!

　ここでは，実際に私がテキストをどのように使用していたかをご紹介します。

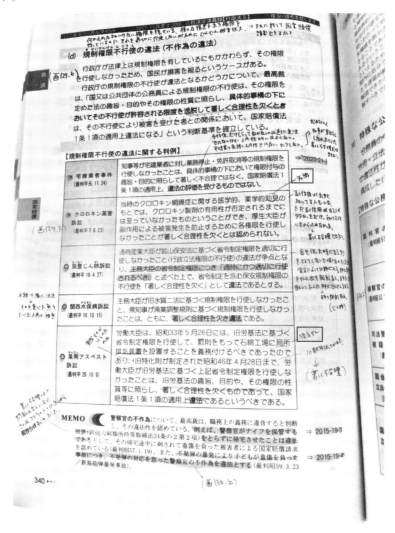

▶私の書き込み内容。「知見」には「知識」，「局所排気装置」には「換気扇」というメモが残されています。

🦆 自分が読めればよい

　ご覧のとおり，真っ黒で，とても綺麗とはいえないようなメモ書きです。

　何度もいいますが，**自分が読めればよい**のです。なので，とにかく時短することを意識していました。

　また，私はカラーペンの色を基本的には 2 色のみしか使用しません。それは，**「原則」と「例外」を分けるための 2 色**です。それ以外の注意書きや補足したいことなどは，ボールペンなどの黒文字で記入していました。

　受験生によっては，5 色ほど使用する人もいるようです。もちろん，それが間違っているというわけではありません。ただ私自身は，カラフルにしすぎてしまうと，文字が頭に入ってこなくなってしまいました。また，色が多いと，「どの色が何を示しているのか」がパッと見てわかりづらくなってしまいます。それに，マーカーする作業も大変になるので，色は 2 色までとマイルールを決めています。

🦆 はじめて見る単語に翻訳をつける

　もう一つ，私のテキストにはこだわりがあります。それは，**はじめて見た単語に自分の言葉で翻訳をつけること**です。

　例えば民法では，頻繁に「善意」や「悪意」という言葉が出てきます。法律初学者の方はこの言葉を聞いて，「善意→良い，悪意→悪い」と想像しませんか。私ははじめてこの言葉を聞いたときそう思っていました。しかし，民法での善意，悪意は全く異なる意味を持ち，「善意→知らなかった，悪意→知っていた」という解釈をします。

　特に判例など長い文章の時には，知らない単語が含まれているだけで，文章を理解するのに時間がかかり，イメージがわきづらくなってしまいます。そこで，はじめて見た単語を自分の知っている言葉に置き換えて翻訳しておくことで，文章が頭に入ってきやすくなります。

　地道な作業ですが，こうした積み重ねが後々になって点数として目に見

える形で成果が表れてくるのです。

⑤ 間違えた内容や弱点をテキストに落とし込む

　勉強を開始してから半年ほど経つと，自分の「今」の実力を確認するために模擬試験などを活用する受験生が増えてきます。私が模試を活用し始めたのも，ちょうどその頃からです。

　この時点での模試は，点数を競うためではなく，**自分の弱点を知り，それをテキストに落とし込むこと**です。まだ，学習が終わっていない範囲もあるので，総合点は気にする必要はありません。しかし，模試を受けると，自分が比較的時間をかけてしまっている科目，完璧にしたつもりなのに何度も間違えやすい問題などの弱点を確認することができます。

　間違えた問題はもちろん解説をしっかり読むでしょう。その後が肝心です。解説を読んで終わりの人もいれば，問題用紙に反省点をそのまま書き込む人もいるでしょう。

　でも，一度受けた模試を普段持ち歩くことまでするでしょうか。直前期に見直すことはあると思いますが，普段の勉強で自分の受験した模試を持ち歩く人はなかなかいないと思います。

　そこで，**間違えた問題をテキストにメモで落とし込めば**どうでしょうか。そうすれば模試自体を持ち歩く必要はなく，普段の学習で使用しているテキストを使って，模試で間違えた問題も同時に確認することができます。

　さらに，そのメモがあることでテキストの周辺知識をしっかりチェックするようになると思います。このように，模試で間違えた問題は，普段自分が使用しているテキストに落とし込んで爪痕を残すようにしていました。

インプットとアウトプットの比率

🦅 インプットにも力を入れた

　「勉強」は大まかに2つに分けることができます。一つが，暗記やテキストを読む，講義を受けるなどの「インプット」の勉強です。もう一つが，インプットした内容を実際に問題集で解いてみて知識が定着しているか確認する「アウトプット」の勉強です。

　インプットした内容は，実際にアウトプットつまり知識を「使う」ことをしないと，なかなか頭に定着しません。そのため，この両方をバランスよく行う必要があります。

　よくインプットとアウトプットの黄金比率は3：7といわれています。しかし私は，アウトプットの比率のほうがやや多いものの，インプットにもかなり力を入れています。

　より正確にいえば，アウトプットのほうが問題集を解くなどの量が多いため「時間」は長くなってしまいますが，「回数」でいうと，インプットとアウトプットは同じくらい行っています。つまり，**インプットとアウトプットを交互に行っていた**のです。

　これに関しては，直前期に入っても変わることはありませんでした。直前期でも，勉強開始時と変わらないくらいテキストを読み込んでいました。**夢の中で正確なテキストのページ数が出てきたほど**です。

🦅 テキストで周辺論点までフォロー

　よくありがちなのが，問題集ばかり解いていると答え自体を覚えてしまうということです。しかし，過去問がそのまま本試験に出るということは限りなく少ないと思います。

　では，過去問は不要なのかというと，そういうことではありません。何

度も繰り返し過去問で出題されている「論点」は大事なのです。

　実際，テキストだけ読んでいても，そのテキストの文章から，①どのような部分が，②どのような出題形式で，③どのくらいの頻度で，本試験で出題されているのかを把握できます。そのうえで，もう一度テキストを読んでいくと，「次からはどの部分をより注意して押さえなければいけないのか」が見えてくると思います。

　また，アウトプット（過去問演習）ばかりしていると，その問題には強くなっていきますが，周辺論点を押さえることができません。あくまでも問題集の解説は，その問題についての解説や重要ポイントしか載っていないからです。

　「過去問を解いたうえで，さらにその周辺論点まで広げて，テキストを読み込んでいく!!」　これが私のやり方です。

🦆 私が使っていた教材

　ここで私が使用していた法令科目のアウトプット教材をご紹介します。

①『出る順行政書士　ウォーク問　過去問題集①法令編』

（東京リーガルマインド）

　▶ 5肢選択式になっているので本試験と同様の出題形式で問題を解くことができます。

②『合格革命　行政書士　肢別過去問集』（早稲田経営出版）

　▶ 本試験の過去問を中心に昭和63年から現在までの過去問を解くことができます。また，1肢1肢解くことができるのでスキマ時間に有効活用できます。

③『公務員試験　新スーパー過去問ゼミ6民法Ⅰ・Ⅱ』　（実務教育出版）

　▶ 公務員試験の民法は，出題範囲や出題形式が行政書士試験と似ています。そこで私が使用したのは公務員試験用の過去問題集です。とにかく解説がわかりやすくて豊富なのです。また分厚さもそこまでないので苦にならず進めることができました。私が一番得意としていたのは民法だったのですが，この本のおかげでかなり力がつきました。

　市販の過去問題集で普段使用していたものはこのくらいです。市販の予想問題集などは基本的に使いませんでした。あまり手を広げすぎてしまっては良くないからです。過去問以外の問題などは，模試で充分足りると思います。

シンプル・イズ・ザ・ベスト

🦆「質問力」を上げる

私の勉強方法は至ってシンプルです。

> ・基本はテキストの勉強に重点を置き，問題演習は予想問題には手を出さず，過去問題集を徹底的に潰していく。
> ・そしてまたテキストに戻り，周辺論点を潰していく。
> ・その中で，怪しいなと思う問題や理解ができない問題には必ず付箋にまとめて，質問する。

ただ付箋を貼るだけではあまり意味がありません。時間が経ってから，付箋が貼ってある問題を見返したときに，「その問題のどういうところがわからなかったのか」すらを忘れてしまうからです。

付箋は大きめのものを用意し，「①どこの，②どの部分が，③どのようにわからないのか」まで具体化して書き記しておきます。そこで質問力の向上を図り，頭の整理につなげていきます。

では，「質問を具体化する」とはどういうことなのでしょうか。以下に，一例を挙げます。

> **（民法）**
> 第304条　先取特権は，その目的物の売却，賃貸，滅失又は損傷によって債務者が受けるべき金銭その他の物に対しても，行使することができる。ただし，先取特権者は，その払渡し又は引渡しの前に差押えをしなければならない。

例えば，この条文のただし書以降がわからなかったとしましょう。そこで先生に，「民法第304条のただし書がわかりません」と質問するよりも，以下のように質問するとどうでしょうか。

〈質問〉

「（①どこの）民法第304条のただし書，

　（②どの部分が）その払渡し又は引渡しの前，

　（③どのようにわからないのか）それは具体的にどのようなことを想定して書かれているのですか？」

　同じ条文の同じ部分の説明を求めているのに，聞き方を少し変えるだけで，自分の理解していない部分をより明確にできます。しかし，自分がどこを理解できていないのかすら理解していない人が意外と多いようです。

　きっと，質問を受ける側も，質問を具体的にしてぶつけてくれたほうが，弱点を把握しやすく，明確な回答をしやすいのではないでしょうか。

　何度解いても苦手だと感じる問題は，自分の言葉で良いので誰かに説明してみましょう。その相手が法律の未学習者だとなお良いです。なぜなら，法律を勉強したことない人が理解できるように説明するということは，自分がその論点をよほどしっかり理解してないとできないからです。

　また，未経験者に理解してもらえたことで自分自身の自信にもつながります。私はよく友人と遊んだ際には数問だけお願いし，解説を聞いてもらうことにしていました。

　そんなお願いをするのは私もはじめは不安でした。問題すら見たことのない友人に，いきなりテキストを渡して問題を出してもらうのですから，「迷惑じゃないかな。せっかく楽しく遊びたいはずなのにごめんね」と心の中でいつも思っていました。しかし，友人は快く引き受けてくれました。

　問題文によっては，読めない難しい漢字もたくさん出てきます。それでも，一生懸命私のために読もうとしてくれているのです。その姿を見たときは涙が出るくらい嬉しかったですし，こんなにも応援してくれてる友人の気持ちに応えないわけにはいかなかったので，私のモチベーションはさらに向上していきました。

🐦 楽しんで受験期間を過ごしたい

　味方や応援してくれる人はただ待っていても勝手に現れるわけではありません。自分の頑張っている姿勢や熱意，努力を日々見せることで味方は自然と集まってきます。

　私は，好きなことを我慢してまで勉強してストレスを溜めることが嫌だったので，受験勉強以前よりは減ったものの，それなりに旅行にも行き，友人との付き合いも大切にしていました。

　どうせ同じ受験期間を過ごすなら楽しみたいと思ったからです。「嫌だな」，「楽しくないな」といった負の感情ばかりでは長続きしません。

　勉強は苦しいことには変わりないけれど，どうせ苦しむなら楽しみながら受験生活を送りたかったのです。完全に外部をシャットダウンしてしまう必要なんてないと考えています。

　例えば，仕事のない日の勉強時間を5時間だと仮定しましょう。旅行に行っても，遊びに行っても，いつもと変わらないこの「5時間」をしっかり確保し，絶対にさぼらない覚悟があれば出かけてもいいと思うのです。

　私の趣味は遠くへ旅をすることです。それは息抜きにもなっています。新幹線や飛行機などの移動時間が片道2時間だとしたら，まずそこで，その移動時間を勉強時間に充てます。到着した後は思いっきり遊びます。

　私は夜型のため，寝るのは遅いほうです。友人が21〜22時頃に寝たら，一緒に寝るのではなく友人より3時間遅く寝て，その3時間を勉強に充てます。そうすることで，遊びには行ったもののしっかり勉強することもできているので，自分に罪悪感を抱くことなく，ストレスも発散でき，好きなことを無理やり我慢する必要もなくなっていきます。

🐦 頑張る姿を見て，応援してくれる人が集まる

　受験期間を楽しむためには，絶対にサボらない覚悟と，いかにスキマ時間を見つけられるかが重要な気がします。だから，友人が待ち合わせ時間

に15分遅れてきたとき，「遅いなぁ」ではなく「ラッキー！」だと私は思っていました。その15分間を勉強に充てられるからです。

　待ち合わせ場所の駅で，立ったまま分厚い過去問題集を広げ，念仏のように唱えながら問題を解いていた時は，さすがの友人も驚いた顔をしていましたが…。

　そういった普段からの「絶対勉強するぞ!!」という熱意のおかげで，私の周りには応援してくれる人がたくさん集まってきました。「問題出してあげるからテキスト貸して!!」と言ってくれる友人や，旅先で私が勉強できるように1時間も半身浴をしていてくれた友人，さほど眠くないはずなのに移動時間に寝ていてくれた友人，私が勉強していたらエナジードリンクを買ってきてくれた友人，こんなにも温かな友人に恵まれました。

　人は1人では生きていけません。そして，資格試験は1人では戦えません。そして，友人たちへの最高の恩返しは，しっかり「合格すること」なのです。今こうして行政書士バッジをつけている自分の姿は，決して私1人の力ではなく，周りの支えがあってこそだと思っています。

▶友人の家で勉強しながら寝てしまった時も。

1 週間の勉強スケジュール

🦆 後回しにしない

皆さんはこんな経験をしたことがありませんか？

「今日は○○ページまでやろうと思っていたけど，明日でいいや…」

「今日は"過去問と記述をやるぞ!!"と意気込んでいたけど，記述は明日でいいや…」

このように「後でやればいいや地獄」にハマり，思うように学習経験が進まないということは私もよくありました。行政書士試験の勉強を始めてから心に決めたことが1つあります。それは，「**その日にやると決めたことはその日に消化する。後回しにしない**」ということです。

日常生活でも，「後でやろう!!」と思ってしまうことが多々あった私は，この受験勉強を機に，「今後一切，後回しにすることをやめよう」と，心に誓いました。

まず，後回しを防止するために，1週間（月曜日〜日曜日）ごとのノルマを決め，学習計画を定めていきました。この学習計画を定めることによって，ある程度メリハリがつき，心理的にも，「なるべく計画に沿って進めていこう」という気持ちが芽生えてきます。

もちろん，計画通りにスムーズにいくことはなかなか不可能です。そこで，予備の日（半日）を作っておくことで，できなかった分をそこで消化して計画の遅れを取り戻すようにしていました。

また，イレギュラーなことが発生するおそれや，追加でやらなくてはならないものが出てくる可能性もあるため，予備日（半日）を設けておくことは計画を進めていくにあたって，とても重要な役割を果たします。

🦆 1日に勉強することをルーティン化

　私の場合は，1日に1教科という学習計画にはしませんでした。1日に最低2教科（直前期はもっと増えます）＋記述対策3問＋文章理解対策2問＋多肢選択対策2問＋IT用語10個をワンセットとしていました。

　曜日ごとに変わるところは最低2教科の科目の中身だけで，他は毎日必ず行っていました。いわゆるルーティン化です。

　はじめはつらく，苦しく感じるかもしれません。しかし，慣れてしまえば体に染みこんでいきます。例えば，当たり前のように毎日歯を磨き，お風呂上がりには化粧水を塗るでしょう。それは，生まれた時から勝手にできたわけではありません。

　勉強だって同じです。一度勉強する癖が体に染みこんでしまえば，勉強しない日があるとなんだか罪悪感を覚えるようになっていきます。

　勉強する癖を身につけるためには，**勉強しない日を作らないことです**。1日5分，10分だけの日があったってかまいません。大事なことは勉強をしない日を作らず，毎日必ず勉強を継続させることです。

　「継続」することは簡単そうに見えるけれど，実はものすごく難しいことです。ここは自分に厳しく，心を鬼にしましょう。それを乗り越えられたらまた一歩成長することができます。

🦆 1週間の勉強スケジュール

　ここからは私が実践した1週間の勉強スケジュールをご紹介します。全科目の全体学習が終わったのが5月頃なので，ここでは6月から直前期前までの週間スケジュールを例示します。

■行政書士試験6月～直前期前までの週間スケジュール■

月曜日	・文章理解（2問） ・記述3問 ・IT用語10個（総務省の情報セキュリティサイトからランダムに。以下，同じ） ・多肢選択式2問 ・民法（テキスト読込，過去問） ・商法
火曜日	・文章理解（2問） ・記述3問 ・IT用語10個 ・多肢選択式2問 ・民法（テキスト読込，過去問） ・会社法
水曜日	・文章理解（2問） ・記述3問 ・IT用語10個 ・多肢選択式2問 ・行政法（テキスト読込，過去問） ・基礎法学/憲法
木曜日	・文章理解（2問） ・記述3問 ・IT用語10個 ・多肢選択式2問 ・行政法（テキスト読込，過去問） ・行政手続法の条文確認
金曜日	・文章理解（2問） ・記述3問 ・IT用語10個 ・多肢選択式2問 ・憲法（テキストの判例や統治の条文確認，過去問） ・行政事件訴訟法の準用関係確認
土曜日	・文章理解（2問） ・記述3問 ・IT用語10個 ・多肢選択式2問 ・行政手続法，行政不服審査法，行政事件訴訟法の条文確認
日曜日	・文章理解（2問） ・記述3問 ・IT用語10個 ・多肢選択式2問 ・一般知識の「個人情報保護法，行政機関個人情報保護法，情報公開法，公文書管理法」と「政治・経済・社会」 ・今週の計画どおり進まなかったものがあれば追加する。

毎日の４点セットの取り組み方

　週間スケジュールからもわかるとおり、「文章理解、記述、IT用語、多肢選択」の４点セットは毎日欠かさず頭のウォーミングアップとして行っていました。

　一見、１日に多くの量をこなしているように見えるかもしれませんが、この４点セットは慣れてしまえば苦にはならず、さほど時間がかからなくなっていきます。

　文章理解（国語）は、勉強したからといってすぐに効果が出るものでもないため、コツコツ進めるしかありません。記述式対策も、問題文の中からキーワードを見つける練習や自分の頭に浮かんだ解答を文章に上手にまとめる練習が必要なため、コツコツ進める必要があります。

　IT用語は、本試験で出題されれば得点源です。一気に覚えようとしてもなかなか覚えられません。１日３個ずつ覚えていくと１週間で21個も覚えることができます。

　多肢選択式も、少し文章理解に似ているところもあり、その判例を知らなくても解けることがあります。

　なので、この４点セットは毎日歯磨きをするのと同じように、日々コツコツ訓練しました。

　すぐには効果が感じられないものだからこそ、**この積み重ねが直前期の学習で大いに役に立つことになりますよ。**

曜日ごとの科目の取り組み方

　４点セットにプラスして、曜日ごとに民法と行政法に基礎法学、憲法、商法、会社法、一般知識を曜日で分けて組み合わせるようにしていました。こうすることで、１週間で全科目を満遍なく学習することができました。

　何度も繰り返し学習することで頭に定着していきます。その間隔はあまり開けないほうがベストです。間隔を開けないためにも１日に最低２教科

は行うようにしていました。

　日曜日は，一般知識のみの1教科としてあります。その理由は，予定は狂うものだからです。その修正を図るためにあえて余白を持たせ，予定通り進まなかったものや，イレギュラーで発生したものを追加することで軌道修正を図っていました。

⑤　割り切る勇気

　先ほどの週間スケジュールを見ると，憲法の統治，行政手続法，行政不服審査法，行政事件訴訟法しか条文確認の記載がありません。そう，私は割り切ってしっかり六法を開いて読み込む条文を特に大切な4分野に絞ったのです。

　分厚い六法を素読しようと思ってもなかなか頭に入ってきません。そのため，確認する分野は絞り，他の民法などの条文はテキストで事案とともにしっかり確認していました。

　また，模試で出てきたものや，記述の過去問で頻繁に出ている条文に関しては周辺条文も含め六法で確認する程度にしていました。多くの受験生が六法の素読をしっかりしている中，ほとんど素読をしてこなかったことには，はじめは私も不安がありました。しかし，その後の多くの模擬試験でしっかり点が取れていましたし，記述の点数も安定し，満点を取ることもあったので，自分を信じて最後までこのやり方を貫き通しました。

　それが功を奏したのか，統治，行政手続法，行政事件訴訟法に関しては完璧すぎるくらいにしっかり押さえることができました。自分でメリハリをつけ，特に大事なものだけに絞り，**割り切る勇気も時には大切なこと**だと思います。

　自分の勉強法が不安になった時は，模擬試験をいくつか受けてみて，安定して点数が取れているか，模試によって点数があまりにもバラバラじゃないかなどで把握することで，軌道修正をかければ良いのです。そのために，模擬試験はいくつか受験しておくことをオススメします。

私の意外な『六法』の使い方

✍ 六法でチェックしていた条文

　受験生には欠かせないアイテムである『六法』。美容院にも持ち運ぶほど必需品となっていましたが，実は私はその全部の条文を見ていたわけではありません。

　私が『六法』でチェックしていた条文は，基本的には以下の4つです。

①「行政手続法」

②「行政事件訴訟法」

③「憲法の統治」

④「個人情報保護法」

　これらに加えて，「国家行政組織法」と「国家公務員法」については目的条文のみチェックしていました。

　よく聞く「条文の素読」といったこともしていません。なので，私の六法は上記①～⑤以外はとても綺麗です。

　というのも，条文を素読していても実際の出題問題などの事案に落とし込まないとなかなか理解できませんし，あんなに分厚い『六法』をすべて読む気にはなれませんでした。なので，条文学習が特に大切な上記①～⑤に絞って，そこだけをチェックするように最初から割り切っていました。

　全部を頑張って読んで覚えようとしても，かえって知識が曖昧になるだけなので，条文学習がとても大切になるものだけにあえて絞ることによって，完璧に抜けがないくらいに仕上げたほうが良いと思ったからです。

✍ 直前期までテキストでインプット

　では，「民法や他の科目はどうしていたのか？」，「なぜ記述で高得点が取れたのか？」と不思議に思う人もいるかもしれません。民法や会社法な

どはテキストにも条文は載っていますし，テキストでしっかり学習をして，模試などで出てきた大事な条文だけ拾って六法で確認するようにしていました。つまり，**基本はテキストベース**です。

　それでも，記述はずっと得意でしたし，本試験でも記述で44点を取ることができました。私たちは「満点を取る」ために勉強しているわけではありません。**あくまでも合格基準点の180点を取れればよいのです。**

　満点を目指す勉強法ではなく，「合格点を目指す勉強」を心がけていました。その分，『六法』で条文学習をしない民法などの科目は，勉強初期だけではなく，直前期までしっかりとテキストのインプットを続けていました。

　これは『判例集』にも言えます。私は，『判例集』を購入したものの，結局使わずに終わりました。正直，『判例集』だけ読もうとしてもなかなか頭に入ってこなかったです。そこで，判例学習に関しても，テキストに載っている重要判例や，過去問，各模試で出題されている判例だけを拾って学習していました。やはり，**時には割り切る勇気を持つことはとても大切**です!!!

初期・中盤・直前期の勉強法とその変化

　私が行政書士試験の受験勉強を始めたのは，前年の11月後半頃でした。行政書士試験は，毎年11月の第2日曜日に開催されるので，私の勉強期間は実質約1年間ということになります。

　勉強を開始した初期から直前期まで，ずっと変わらず一貫して行っていたこともあれば，中盤や直前期から始めたこともあるので，時期を3つに分けてご紹介します。

🏃 学習初期

　この頃に特に頑張っていたのは「**用語に慣れる**」ことです。行政書士試験には，聞き馴染みのない用語や，読み方すらわからない漢字も多数出てきます。しかし，ただでさえ難しい行政書士試験の問題。そもそも用語の意味や漢字の読み方すらわからなければ，問題で問われている趣旨さえ理解することに苦労してしまいます。

　勉強開始初期の頃は，復習する内容が少ないため，そんなにたくさんの勉強をすることはないと思います。そんな初期のうちにこそ，用語の意味や漢字の読み方，それが聞き慣れないものであれば，テキストに自分の知っている単語に置き換えて書き込みをするなどして，丁寧に時間をじっくりかけて勉強し，慣れておきます。

　慣れるといった意味ではスマホでも行政書士試験の問題が解けるアプリが存在します。○×式なので，よくそれを寝る前などにベッドの上でリラックスしながら，ゲーム感覚のように楽しみながらやっていました。そうすることで，早い段階から，法律特有の難しい用語や漢字，長い文章などへの抵抗をなくすことができました。

　また，「又は」や「かつ」の違いや，「過失」と「重過失」の違いなど条文によってバラバラな細かいところを，比較的時間と余裕があって手が回

る初期のうちに，丁寧に学習しておくことで，この時期以降の勉強が楽に
なり，記述式の問題対策にも大活躍してくれます。

　私は初期にそういった細かいところまでしっかり押さえておき，**当たり
前の知識にする**ように心掛けていました。毎日歯磨きをしたり，食事をす
るのと同じように，**自分の中で当たり前になるくらいまでしっかり押さえ
る**ということです。

🏃 中盤

　勉強期間が１年間だとした場合，中盤とは，ちょうど折り返し地点の半
年あたりを私は目安にしていました。この頃には，おおよそ全科目の勉強
を一通り終えている時期だと思います。

　中盤に力を入れていたことは，以下の点です。

① 　過去問10年分は徹底的に潰し，出題傾向をつかむ。
② 　１校だけでなく何校かの模試を受け，解く科目の順番を決め，各科目
　　の時間配分を確立させる。
③ 　中盤でもテキストのインプット作業は絶対に欠かさない。

　中盤になると，アウトプット中心になっていく受験生が多いのではない
でしょうか。私の場合は，中盤においても，直前期においても，アウトプ
ット（過去問や問題集を解く）とインプット（テキストの読み込み）は交
互に行うほど，**ほぼ同じ比率**で繰り返していました。

　上述したとおり，一般知識の文章理解に関しては行政書士試験の過去問
が終わったら，模試や公務員試験用の問題集まで使用し，毎日２問は必ず
解いていました。**一般知識科目は，足切りがあるため文章理解３問は絶対
に落とせない**からです。

　さらに，**IT用語も１日10個（１週間で70個）覚える**ようにし，足切り回
避対策に全力で力を入れていました。その他にも，記述式問題も１日３問，
多肢選択式問題は１日２問，本腰を入れて毎日解くようにしていました。

勉強を開始する前に，ウォーミングアップとしてこれらを一通りやってから，テキストや問題集を開き，いつも通りの勉強を始めるようにしていました。

　テキストを開くには気持ち的になかなか時間がかかります。なので，スポーツと同じく**ウォーミングアップを一通りこなしてから勉強を開始する**ことを**日課**にしました。

🦆 直前期

　直前期では，新しい教材には手を広げず（すごく大事です），各校の模試で自分は安定的に同じような点数が取れているのかを把握したり，初期に取り組んでいた「又は」や「かつ」，「過失」や「重過失」などの条文によっての違いをしっかり押さえたりすることに加え，直前期ではじめて，**数字に関する知識の暗記**に力を入れ始めました。

　数字関係は，最初の頃からものすごく力を入れて暗記しても，すぐに忘れてしまいます。そういったことに初期の頃から時間をかけるのなら，他の勉強に力を入れたほうがよいので，数字に関しては直前期に徹底的に詰め込みました。そして，**直前期でもテキストのインプット作業だけは怠らなかった**です。

私流・3つの暗記術

　私は，暗記が大の苦手です。むしろ，「暗記が得意!!」という人のほう
が少ないのではないでしょうか。行政書士試験に限らず，多くの受験生が
頭を悩ませるのが「暗記」ですよね。

　ここでは，私流暗記術を3つご紹介していきます。

🏃 私流暗記術①　図をまるごと覚える作戦

　まず民法の代理を題材に私の暗記術を紹介します。

【代理権の消滅原因】　　　　　　　　※○：消滅する　×：消滅しない

	本人			代理人		
	死亡	破産手続開始決定	後見開始の審判	死亡	破産手続開始決定	後見開始の審判
任意代理	○	○	×	○	○	○
法定代理	○	×	×	○	○	○

『LEC東京リーガルマインド　民法Ⅰ』（講座テキスト）より引用

　どういった事由が発生した時に代理権が消滅するのか，任意代理と法定
代理に分けて説明している図です。

　皆さんは，この図を見たときにどのように覚えようとしますか。

　任意代理なら，本人が亡くなった時は代理権が消滅する。破産手続の開
始が決定しても消滅する。後見開始の審判を受けたときは消滅しない。法
定代理は本人の亡くなった時は消滅するが，破産手続開始や後見開始の審
判を受けても消滅しない。

　このように一つひとつ覚えていくのではないでしょうか。しかし，その
時は覚えられても，数日すると忘れてしまいます。むしろ，試験中など過
度の緊張感の中では，混乱してしまうかもしれません。

そこで，私は一つひとつ覚えるという作業はせず，この図をまるごと覚えてしまいました。

　どういうことかというと，この図は一見すると複雑そうですが，記載してあることは，横が「本人」と「代理人」に分かれ，縦は「任意代理」と「法定代理」に分かれているだけなのです。後は，死亡，破産手続開始，後見開始の順番を覚えるだけです。つまり，この枠組みを押さえてしまうのです。

　そのうえで，右側「代理人」の場合は，すべて○と覚えます。左側「本人」の場合は，○が上下逆さまのL字型で，×が左右反転のL字型という組み合わせのようになっていますよね。それを覚えるだけでよいのです。

　模試や本番の試験でもこの問題が出たときは，余白に簡易的にこの図を書けば混乱することなく確実に正解することができました。

STEP 1　枠組を書く。ちなみに私は，問題用紙の余白に書くときは，死・破・後ではなく，ひらがなで，「しはこ」と書いてました。

	本			代		
	死 <small>し</small>	破 <small>は</small>	後 <small>こ</small>	死 <small>し</small>	破 <small>は</small>	後 <small>こ</small>
任						
法						

STEP 2　代理人側をすべて○で埋める。

	本			代		
	死 <small>し</small>	破 <small>は</small>	後 <small>こ</small>	死 <small>し</small>	破 <small>は</small>	後 <small>こ</small>
任				○	○	○
法				○	○	○

STEP 3　本人側を逆さまL字型で○で埋める。

	本			代		
	死し	破は	後ご	死し	破は	後ご
任	○	○		○	○	○
法	○			○	○	○

STEP 4　本人側を逆向きL字型で×で埋める。

	本			代		
	死し	破は	後ご	死し	破は	後ご
任	○	○	×	○	○	○
法	○	×	×	○	○	○

　これで完成です。このような感じで，図で覚えられそうなものは図ごと覚えてしまい，問題用紙の余白に自分が読める程度の字で簡易的な図を書くと間違えることは確実に少なくなります。

私流暗記術②　「暗記しようフォルダ」を作成する作戦

　受験当時，私のスマホには**「暗記しようフォルダ」**というものが存在していました。このフォルダは，科目ごとに分けていません。とにかく「自分が何度も間違えてしまう問題」や「なかなか覚えられないけれど暗記しなくてはならないもの」をすべて詰め込んでいました。

　電車や車での移動時間，ちょっとしたスキマ時間に苦手な箇所だけ気軽にチェックすることができるので，とてもオススメです。テキストや問題集を持ち歩くと，どうしても荷物になってしまいますし，スキマ時間に見ようと思ってもなかなか気が乗らないこともあります。しかし，スマホのデータフォルダに入れておいたものをチェックするだけなら，そこまで面倒くさがらずに気軽に苦手を潰していくことができます。

暗記しよう

▶ 受験当時のスマホに入っていた「暗記しようフォルダ」

🍠 私流暗記術③　音で覚える作戦

　「音で覚える」というとなかなかピンとこないかもしれません。少し語呂合わせに近い部分がありますが、「民法第369条」を例に、どういう作戦かを簡単に説明します。

> **（民法）**
> **第369条**　抵当権者は，債務者又は第三者が占有を移転しないで債務の担保
> 　に供した不動産について，他の債権者に先立って自己の債権の弁済を受け
> 　る権利を有する。
> 2　　地上権及び永小作権も，抵当権の目的とすることができる。この場合に
> 　おいては，この章の規定を準用する。

　民法第369条はつまり，抵当権は不動産だけでなく，地上権や永小作権にも及ぶと規定しています。しかし，今覚えられてもすぐに忘れてしまいます。私は，抵当権ときたら，「ふちえ」と音で覚えるようにしていました。「ふちえ」とは，不動産，地上権，永小作権の略です。

　皆さんは「認知特性」というものをご存じですか。認知特性とは，目・鼻・耳などの五感を中心とした感覚器から入ってきた情報を記憶したり，理解したり，整理する能力のことをいいます。

　認知特性は大きく3つに分かれます。

> ①視覚優位☞目で見た情報（ビジュアル）で覚えるのが得意
> ②言語優位☞文字や文章で覚えるのが得意
> ③聴覚優位☞耳で聞いた情報を覚えるのが得意

　私は③のタイプなので，「ふちえ」のように音にして何度も発することで覚えていました。

　人によっては，テキストをボロボロになるまで読み込んで覚えるのが得意な人や，何度も書いて覚えるのが得意な人など，得意不得意はそれぞれですので，自分はどの属性に当てはまっているのか模索し，自分に合った最適な方法で暗記術をマスターしてみてください。

模試の上手な活用の仕方

　直前期には各専門学校の模試や市販の模試を，本試験までに何回か受けるかと思います。

　よく，「模試の点数は気にしなくて良い」という意見も聞きますが，一概にそうとは思いません。

　なぜかというと，本試験での点数は模擬試験よりも下がる傾向があるからです。「模試ではかなり高得点を取ることができていたのに，本試験では意外と取れていなかった」なんてことは私の経験からも多々ありました。

　行政書士試験でも同じです。逆を言えば，複数の専門学校の模試を受けても，点数にあまりバラつきがなく，**どこの模試でも安定して同じような点数を取れていることが一番の理想**です。

　そして，模試を受けるうえでとても大切なことが一つあります。それは「**時間配分の練習**」です。

　行政書士試験は3時間で解かなければいけないという時間の制約があります。もちろん頭から解いても良いのですが，絶対に頭から解かないといけないというわけではありません。

　①**どの科目から解き始めるのか**

　②**各科目の時間配分はどうするのか**

　③**大体自分は平均して何時間で全問解くことができるのか**

　これらを事前に把握し，練習するといった意味で模試はすごく大切です。

　そして，模試で行ってきた解く順番や時間配分は本試験でも変えることなく，今までの練習どおり実践します。模試は本番の緊張感にも慣れるといった意味で，一度は自宅受験でなく会場で受験してみると良いですよ（本試験での解く順番や時間配分は第4章で詳述します）。

受かる人と受からない人の特徴

　合格するためにすごく努力して，勉強時間も確保しているのになかなか合格できない人と，同じく必死に努力して，最短合格する人もいます。

　なぜ，違いがあるのでしょうか。そこには，頭の良し悪しよりも，**「勉強法」と「時間の使い方」が関係している**と思います。私自身が受験生時代に合格のために必要な勉強法や時間の使い方をたくさん調べて考えてきた経験から，私が考える短期合格者と長期化する受験生との違いは，大きく分けて3つあると考えました。

　もし，なかなか合格することができず悩んでいる人は，**勉強法や時間の使い方を見つめ直すきっかけ**にしてみてください。

🏃 手を広げすぎてしまっている人

　合格に必要な教材は充分揃っているのに，「まだ足りないかもしれない…」，「他の受験生は○○の教材も使用しているから私もやったほうがよいかもしれない…」など，ネットや書店で新しい教材を目にしてしまうと，つい手を出してしまいそうになりませんか。特に，直前期に近くなればなるほど，そういった傾向が強くなります。

　これは受験生なら一度は経験したことがあるのではないでしょうか。しかし，手を広げたからといって合格が近づくわけではありません。

　今，手元に合格できるだけの教材があるなら，**その教材を信じて最後まで使い倒す**のです。私は，最初に準備した教材以外で，追加した教材は基本的にありません。

　ただ，「一般知識科目」だけは足切りが怖かったので，あらゆる模試を購入して，全問を解くのではなく「一般知識」の問題だけ使用しました。模試に関しては，自分の苦手な科目だけに絞って複数受験するということはオススメです。

🦆 ノートや暗記カードを丁寧に作っている人

　テキストの内容を自分用に丁寧にノートに書き写したり，暗記カードを作成するのはすごく大変ではないでしょうか。そして，作っただけで満足し，勉強した気になるうえに，多くの時間を消費してしまい，とても費用対効果が悪いです。

　そんなことをしなくても合格はできます。特に社会人になってくると勉強時間にも制約があるため，**コスパ良く勉強する**ことが求められます。テキストの内容が自分にとって理解しづらいのであれば，自分が使用しているテキストにどんどん書き込んでいけば良いのです。模試などで間違えた問題も，テキストの該当範囲に書き込んでいけば良いのです。

　情報はなるべく１つのものに集約化してコンパクトにしました。どうしても暗記ができないものに関しては，暗記カードを作成するのではなく，その部分をスマホでスクショし，データフォルダに入れて，電車やバスでの移動時間などのスキマ時間にチェックします。

　スマホなら，寝る前や寝起きにベッドの上で確認することができます。寝起きに暗記カードやテキストを開くのは，正直すごく精神的にキツイです。でも，普段よく触るスマホにデータを集約しておくことで，気軽に自分の苦手な箇所を確認することができました。

🦆 問題集を回すことだけが目的となってしまっている人

　同じ問題集を理解できるまで何回も繰り返すこと自体はよいことだと思います。しかし，次第に「１週間で何周いけるかな？」と，問題集を回すことだけが目的となってしまっていませんか。

　たくさん回せば回すだけ良いということではありません。そういった場合は**答え自体を覚えてしまっている傾向**も多いです。

　五肢択一式なら，正解又は誤りだけの解説を読むのではなく，**五肢すべての解説を，人に説明ができるくらい丁寧に読み，理解をすること**が大切

です。「人に説明する」ことは，自分自身がしっかり理解していないとできないので，実力がかなりアップするのでオススメです。

第 3 章

高い壁を越えた後は，
もっと高い壁を越えたくなる

モチベーションの源泉

🐥 マイナスすぎるスタート

　学生時代は問題児というレッテルを貼られ，成人してからはフリーター生活を謳歌。読書だってまともにしたことがなければ，漢字だって中学生レベルの学力しかありませんでした。

　もちろん，ニュースも新聞もほとんど読んだことがなく，社会のこともあまり理解していなかったです。「行政書士試験は受験資格がない」とはいえど，大学を卒業している人が多かったり，法学部出身や，企業に就職して社会的マナーや組織を理解していたりする人がほとんどです。

　つまり，私のチャレンジは，とてつもなくマイナスすぎるスタートから始まったのです。しかし，それを逆にプラスに捉えられる私は，鋼のような心の強さと猛烈なほどポジティブなのかもしれません。

　例えば，目の前に大きな山がそびえ立っているとします。その山頂に登るルートに，AとBの2種類があると仮定しましょう。

　Aのルートは初心者が山頂まで登るには3時間かかるとします。一方，Bのルートでは初心者が登るには8時間，一泊二日かかるとします。

　この2つを比べれば，もちろん楽なのは圧倒的にAのルートですよね。しかし，想像してみてください。自分がそれぞれのルートを登りきることができたとしたら，どちらのほうがより達成感を得られるでしょうか。

　もちろん登りきるまでの過程の大変さや苦しみは想像を絶するものでしょう。しかし，**その苦しみを経験してきたからこそ，より達成感を得られる**のだと私は思います。

　これは資格試験にもいえます。私はマイナスすぎるスタートだったので，

一見遠回りに思われるかもしれません。実際，「行政書士受験生なら当たり前のように知っているだろうことを知らない」という壁に何度もぶち当たりました。その知らないことが，世間では当たり前すぎる内容で恥ずかしくて周りに聞けないなんてことも多々ありました。

　本当に私は義務教育を受けたのか？　もしかしたらあれは幻だったのではないか？　と思ってしまうほど，私は誰もが知っているようなことを知らなすぎたのです。

　でも，**それが自分自身なのだから受け入れるしかありませんでした。**

🦆 自分だってやればできる！

　本当に自分って「だめな人間なんだ…」と思うことは学校内だけの話ではありません。私の家系はスポーツで賞を取ったり，山梨の難関高校に進学していたり，ダンスや音楽が上手だったり，皆優れた才能をもっていて，自分だけ本当に何もなかったのです。

　家族や親族の中で私一人だけ違う色をしていて，正直少し寂しかったほどです。「なんで自分だけこんなんなんだろう…」，「私って欠陥品だよね？」，親にそう言ってしまったこともありました。

　だからこそ，私が宅建試験に一発合格したときは皆が本当に驚いていました。

　合格したという事実より，合格できるまで，諦めずに勉強を続けたその過程に驚き，喜んでくれたのだと思います。

　その時，気がつきました。

　「なんだ，自分にだってやればできるじゃん!!」

　「できなかったわけじゃない。できないって勝手に決めつけて，できない理由ばっかり見つけてチャレンジしてこなかっただけなんだ。」

　宅建合格という成功体験のおかげで，自分はやればきっとできる人間だということに気づき，自分に自信をつけることができました。これが，**は**

じめて自分を好きになった瞬間です。そして次第に，何かの目標に向かってチャレンジし努力している自分のことが，より好きになっていきました。

私のモチベーション

困難は大きければ大きいほど楽しいものです。こう言えるのも，前述のような自分が経験してきた苦い思い出と，自分自身への劣等感との闘いの過去があったからこそ言えるのだと思います。そんなダメ人間だった私の過去でもきっと無駄じゃなかったんだなと思ってから，今までの苦しかった過去すら愛おしく思えてきました。だから今の私は，高い壁を越えたらもっと高い山を越えたくなるのです。

1つひとつどんどん成功体験を積み上げていき，次はもっと苦しい道をあえて選ぶ。それは，以前の私だったら，「もうやりたくない」と思っていたことでしょう。

でも，どんな小さなことだってよいのです。

自分が成し遂げられたことがあるなら，目一杯自分のことを褒めてあげる。

どんどん自分に自信をつけてあげる。

そして，もっと高い山にチャレンジするために，今，目の前にある目標を，歯を食いしばってゴールする。

それが今の私の活力とモチベーションの源泉だといえます。

SNSの反響から使命感が芽生える

　多くの黒歴史がある問題児が，どんどんチャレンジし，人生に新しいページを彩っていく。そんな私の姿を見て，同じような境遇や悩みのある人，自分に自信がない人などの背中を押すきっかけとなれれば本望，そう思いSNSも続けています。実際，私のSNSに届くメッセージのほとんどが「勇気をもらえました」，「ばななちゃんがきっかけで勉強を始めました」という内容です。

　「こんな私でも，みんなに勇気を与えることができるんだ」

　「学歴なんてなくても，元・問題児でも，諦めなければ人に夢や希望を与えられる存在になれるんだ」

　そう思ったら，勝手に使命感が芽生えてきて，どんな無謀なチャレンジでも，いくら周りが反対しても，「どんどんチャレンジをして常識を覆していくんだ!!」，「きっと世の中には，本当はチャレンジしたくても，始める前から自分には無理だって決めつけて始めから諦めてしまっている人もいるんじゃないか」，「私が先駆者になってやる!!」と勝手に火がついて，その思いは増していきました。これだって私のモチベーションの一つになっているのです。

ばななちゃん合格おめでとうございます😊💕Twitterもフォローさせていただいていて、すごく努力されているなぁ。と陰ながら応援させていただいていました🌸私も宅建取得を目指しているのですが、仕事内容的にも、またばななちゃんの頑張りにもたくさん刺激をもらい、宅建を取得したら行政書士を目指そうと思っています。
やりたいことがたくさんあるそうなので、これからも応援しています💪ばななちゃんの頑張りに刺激を受けて、私も負けないように頑張ります！まずは宅建なのですが...行政書士を目指すきっかけをありがとうございます😊長々とごめんなさい🙏

あやかさん、初めまして🌼
ギャル宅建士で有名なあやかさんに憧れて、資格勉強を始めたミナと言います！
令和2年の宅建試験、自己採点41点を取ることが出来、次は行政書士を目指そうかと考えております🔥あやかさんは本当にコツコツと勉強、努力をされていますが、資格勉強をされる時はまず独学を考えますか？
これから行政書士を勉強するにあたり、独学か通信かで決めきれず。。ちなみに宅建は日建へ通学しており、効率良く進めるためには通信教材を使うべきなのか。。？と悩んでおります😭💧あやかさんならどうするかアドバイスいただけたら嬉しいです！😭😭

行政書士試験の合格本当に本当におめでとうございます！

昨年初旬にたまたまばななちゃんの存在を知りました。その頃はちょうど大学院入試の勉強に疲れを感じてしまっていた時期でしたが、ばななちゃんのインスタがとても励みになり、気持ちを立て直して大学院入試の勉強を頑張れました🌷早稲田大学の大学院に合格出来たのはばななちゃんが気持ちを立て直すきっかけをくれたおかげです🙂

美しくて明るくて楽しげで、それでいて実は努力を惜しまないばななさんは憧れの勉強家さんです。これからも人生を楽しむ姿を見せてください、そしてこれからも私の励みにさせてください🌷応援してます！🌹

ばななちゃん🙌

ずっとTikTok見ててファンでした！！
この度は合格、本当におめでとうございます😭㊗️
私は去年の歯科衛生士国試に落ちてしまい今年の3月に再度受験します。これが最後の受験だと思って勉強頑張ってます。

辛い時も、ばななちゃんが頑張ってる姿見て
こんな可愛いギャルが秀才ってギャップすごいな〜こうなりたいな〜って思って憧れにしてます！

もはや、ばななちゃんは私の先生です😂

歯科衛生士の国試に合格できたら、次は宅建受けます！

合格できたら私も報告させてください 🌷🌷

▶フォロワーの方々からいただいたメッセージ（一部）

何度も押し寄せる 「挫折タイム」との向き合い方

🏃 忍耐力や継続力で勝負する

　進学のためでも，資格取得のためでも，試験会場に着くとそこにいる皆が強敵で賢そうに見えて，身構えてしまった経験はありませんか。

　すごく頭が良さそうな人が目の前にいても，すごく強そうな人が目の前にいても，同じ人間なのですから怯える必要はありません。だから，「自分はきっと無理かもしれない」と思ったときは，「所詮中身はみんな同じ人間だ」と思うようにしています。その成長過程であらゆる方面に才能を開花させて，いろいろな道へ，それぞれ進んでいきます。

　私だって最初は，スポーツも音楽も暗記も苦手だし，自分には何一つ強みがないのではないかと思っていました。でも，ふとした時に気がついたのです。「**負けず嫌いな性格は誰にも劣ることはないんじゃないか**」と。そんなことでも良いのです。

　宅建試験も，行政書士試験も，「頭が良いから」という理由だけで受かる試験ではありません。それには，忍耐力や継続力も求められます。

　私の負けず嫌いな性格は，忍耐力や継続力を保つために大いに役立ってくれました。賢くはないけれど，こういった内面の部分で皆と同じ土俵で戦おうと決意したのです。

　行政書士試験の学習期間は1年間で計画することが王道です。この期間の中で，「**挫折タイム**」というものが，どこからともなく，しかも何度も押し寄せてきます。

　頭では「やらなきゃいけない」とわかっているのに，なかなかテキストが開けない…，ペンを持つ手が動かない…，突然涙が出てくる…，こんな

ことは数えきれないほどありました。

　でも，ここで「今日はやる気がでないから」といってサボってしまえば，罪悪感や恐怖心が生まれてしまいます。心身ともに逃げ道がない，つらい時期は本当に苦しかったです。

　ただ，苦しくなってしまった時こそ受験生のほとんどが同じ悩みを抱えているということを忘れないようにしていました。

🦆 挫折タイムからの脱却法

　では，この挫折タイムから，私がどのように脱却したかをお話ししていきます。

　上述したとおり，私は，行政書士の試験勉強を開始して半年ほど経つまでは，「**行政書士とは何か**」をわからないまま勉強していました。でも，半年を過ぎたころに，友人から，「あやかがいつも頑張って勉強してる行政書士ってどんな仕事なの？」と聞かれたことをきっかけに，行政書士の仕事内容について簡単に調べてみました。

　すると，業務範囲の膨大なことを知り，「許認可」という業務だけでも10,000種類以上あるということをはじめて知ったのです。中には，飲食店営業許可や宅建業免許申請，古物商の許可，ドローン飛行許可など私でも知っている許認可の業務をいくつか見つけることができました。

　「こんなに膨大な業務があるなら，私にも誰かの役に立てる何かがあるかもしれない」と思い，合格したら行政書士としてお仕事がしたいと思うようになりました。

　そして，その時，心に誓ったことがあります。それは，もし行政書士試験に一発合格できたら「**自分で事務所を開業しよう!!**」ということです。

　私は高い壁を越えたらもっと高い壁を越えたくなります。もちろん合格したら，その資格を活かして就職活動をする人もいれば，どこかの事務所で勤務行政書士になる道だってあります。

　でも私は，あえて「即開業」の道を望んでいました。行政書士の実務は

試験内容とはかけ離れていますし，どこかの行政書士事務所で働いていたわけではないのでゼロからスタートです。

　そのうえ，経営経験はおろか，就職だってしたことがない私ですから，ビジネスメールの送り方や，事務所の開業準備など検討すらつかず，想像を絶するほどの苦労がありました（開業や実務についての詳しいお話は第6章でお話しします）。

　しかし，今私は，「即開業してよかったな」と心から思っています。それはあの日，「一発合格したら開業する!!」と心に誓った過去の自分のおかげです。その日を夢見て，あのつらくて苦しい，でも時には楽しい受験勉強を乗り越えたのですから。

　なので，**もし挫折タイムがやってきた時は，「合格後の自分の明確なビジョン」を決めておくとよいかもしれません**。目的もなく勉強を続けるのはとてもつらくて苦しいものです。

　だからこそ，一度立ち止まってゆっくり考えてみてください。そして，苦しくなったら合格後の明るい自分のビジョンを思い浮かべて，未来の自分に自分が思い描いている明るい未来をプレゼントしてあげるために，今一生懸命頑張ってみてください。きっとモチベーションも上がるはずです。

SNS活用の賛否両論

🐤 Twitterを活用する

　私にとってもう一つモチベーションの保ち方があります。これには賛否両論ありますが，私は大賛成です。

　その方法とは，Twitterの活用です。私はTikTokやInstagramなどを利用していますが，数あるSNSの中でもTwitterは資格試験の受験生アカウントが圧倒的に多いです。ぜひ一度，🔍検索マークを押して，自分が目指そうとしている資格試験＋受験生と入力してみてください。

　たとえば私なら，🔍「行政書士　受験生」と検索すると，自分と同じ資格試験を目指している受験生のアカウントが多数見つかります。そこで他の受験生のリアルな受験生活を把握することができます。

　もちろん全員ではありませんが，Twitterにわざわざツイートをしている受験生は，意識が高くて自信のある受験生が多い印象です。それは模試の結果を見れば一目瞭然です。Twitterに模試の結果をアップしている人を見ると「ここにいる人達全員合格するのでは!?」と錯覚するほど，成績優秀者が多いのです。

　実際にTwitterを活用してみたメリットとデメリットを紹介します。

> **メリット**
> ・他の受験生が模試の結果などを載せているので，自分の立ち位置を把握することができる。
> ・他の受験生が頑張っている姿を見ることで，良い意味で焦りを感じることができ，日々モチベーションを保つことができる。
> ・合格した後に同期の受験生とリアルでつながることができ，実務の相談をすることができる。

デメリット
・自分より成績が優れている受験生を見て落ち込んでしまう。
・上手に情報を取捨選択することができないと手を広げすぎてしまう。

受け止め方のパターン

先ほど「賛否両論ある」といった理由は，ここにつながります。このツイートを見て，どう感じるかが大きく2つのパターンに分かれるからです。

Ⓐ　「みんな凄すぎる…。私なんかじゃダメかもしれない。諦めようかな…。」

Ⓑ　「みんな凄い頑張ってるんだな。このままじゃやばい!!　私も負けてられないぞ!!」

もし他の受験生のツイートを見て，Ⓐのような受け止め方で落ち込んでしまい，余計にやる気が起きなくなってしまうのであれば，Twitterは見ないほうがよいでしょう。

一方で，Ⓑのような受け止め方になるのであれば，モチベーションが上がらないときにはTwitterを定期的に見ることをオススメします。

私はBタイプなので，定期的に他の受験生の様子を見ながら自分の立ち位置を把握するように心がけていました（たまにAのようになることもありましたけどね）。

この受け止め方は人それぞれですが，Bタイプのような受け止め方ができれば，現実をしっかり受け止め，それと向き合い，さらに努力しようとすることで自分自身が強くなれ，成長することができるのではないかと思います。今の自分を自分自身が受け止めてあげることは，とても大切なことです。

SNSって実は味方!?①受験のライバルが多い

👆 なぜTwitterに模試の結果を載せたか

　上述したとおり，現在のところ受験勉強にもっとも活用できるSNSはTwitterです。行政書士試験の受験生のみならず，多くの他資格受験生が利用し，普段の勉強の様子や模試の結果などをアップしている人もいるからです。私も受験生時代には，日々の勉強記録はもちろん，模試の結果などもすべて投稿して，Twitterを大活用していました。

▶模試の結果をツイート

▶受験勉強をしていた時のツイート

　では，なぜわざわざTwitterに模試の結果を載せていたのでしょうか。
　その答えは私の「負けず嫌い」な性格にあります。模試の結果は総合点の良い時だけ載せていたわけではありません。良い時も悪い時もすべてさらけ出していました。どうせ載せるからには，どうしても周りの受験生に負けたくなかったのです。

「負けたくない＋どうせなら良い点数を取って載せたい＝必死で努力するしかない」

　こうして常に自分のことを奮い立たせていました。そして，時には一方的にTwitterで見かけたことがあるすごい受験生をライバルと見立てたこともあります。もちろん相手は私のことなど知りません。そうすることで，サボりたくなってしまった時，なかなかテキストが開けないときに，あえてTwitterを覗き，ライバルが必死に勉強してる姿を見て，自分にプレッシャーを与え，自分の原動力に変えていました。

🌀 ライバルを見つける

　後から知った話ですが，私をライバルと見てくれていた受験生もいたようです。合格後，行政書士の交流会で，「ばななちゃんに1回は模試の結果を勝ってみたかったよ〜!!」と何度か言われました。私をライバルと思い，それをバネに頑張ってた人もいたんだと思うと正直すごく嬉しかったです。

　このように私の中には常にライバルがいます。それは，開業した今だって変わりません。それは嫉妬という感情とはまた別なのです。純粋にその人を尊敬しているからこそ負けたくないのです。そして，負けたくないから必死で努力するのです。

　こうやって自分の「負けず嫌い」な性格をうまく利用して，常に上へ上へと成長することができました。自分のことを成長させてくれる良いライバルを探せるといった意味でも，SNSって素晴らしいと思います。

　もちろん，自分より成績が優れている人を見て，自分と比較してしまいひどく落ち込んだ時もありました。しかし，それは自分の理解度が不足していることや，勉強法を改善しなくてはいけないということを再認識させてくれたきっかけでもあります。そういう時こそ，チャンスだと思い，心を鬼にし自分と向き合うことで，また一歩自分を成長させてくれます。上には上がいます。自分の成長の可能性は無限大なのです。

SNSって実は味方!?②士業の先輩が多い

🌀 開業後にも使える

「SNSって実は味方!?」という見出しをつけた理由は，もう一つあります。それは，**開業後にも営業ツールや自分という存在を知ってもらえる大きなツールになる**ということです。

私は，TikTokのフォロワー数が29万超。Instagramは3.9万超。Twitterは8,000超です（2023年5月現在）。Twitterに登録したのは2019年ですが，ほとんど利用せず，本格的に使いだしたのは行政書士の受験生になってからです。

なぜTwitterのフォロワー数が急激に伸びたのか，また，なぜ伸ばしたいと思ったのか，それには理由があります。

Twitterにはたくさんの受験生が存在していることは先に述べましたが，それと同じくらい「士業」の先輩方が自分の事務所のアカウントとして使用していることを知ったからです。

私は山梨県出身で，行政書士試験も山梨県で受けました。地元で開業したいという気持ちと，上京してチャレンジしてみたいという気持ちが交互に押し寄せ，悶々とした気持ちで合格発表の日を待ち望んでいました。もちろん，一人娘がいきなり上京だなんて家族は心配をし，最初は大反対されていました。

そんな時，ある夢を見たのです。その夢の中の自分は，家族と離れてたった一人で上京し，もがき苦しみながらも毎日充実していて輝いている夢でした。実は，事務所も事務所用品までも用意し，あとは登録だけという状態の時にこの夢を見たのです。

その時，私はこう思いました。

「こんな夢を見るということは，本当の自分は上京して，新たな土地でチャレンジしてみたいんだな」と。

きっと夢の中の自分に本心が現れていたのかもしれません。その気持ちに素直になってみることにしました。

ただ，東京へ遊びに行ったことはあるものの，山梨以外の土地で生活したことがない私にとって，東京での開業は簡単なものではありませんでした。

もちろん人脈なんてありませんし，気軽に質問できる同期の受験生もいなかったのです。

でも今では，たくさんの素敵な先輩方や同期と出会え，仕事のご依頼や他士業の先生方からのご紹介もSNSからあります。そんな素敵な出会いをプレゼントしてくれたのもTwitterなどのSNSなのです。

🦈 人の目を引くツイートをする

SNSは活用の仕方次第でさまざまな場面で応用することができます。私は受験生時代，合格したらこのアカウントを「行政書士事務所用」にすると決めていました。

そこで私は，「**このアカウントはいずれ事務所アカウントとして利用するのだから，受験生である今のうちから"人の目を引くツイート"をしよう**」と心がけていました。

「人の目を引くツイート」とはどういうことかというと，例えば，「今日もこれだけ勉強を頑張りました。明日は○○します」というツイートと，「今日もこれだけ勉強しました～!!明日は○○も頑張ります!!」という文言とともに1枚の写真をつけてツイートしたとします。書いてある内容はほぼ同じですが，皆さんならどちらのツイートのほうが目にとまりますか。

もう一つ例を挙げてみます。「今日は家で集中できないからカフェで勉強します!!」というツイートと，「今日は気分転換でカフェで勉強しよう～テキストたくさん持ち歩きたいからキャリーケースで動くことにしまし

た」という文字とともに1枚の画像をつけてツイートしたとします。

　このように強烈なインパクトを残すことで人々の心や見る目を変えることができるのです。

　「負担になりそう」と思う人もいるかもしれません。でも，どうせツイートするのなら，少しひと手間加えるだけで人の目を引くことができるツイートに変えることができるのです（もちろん画像も事実です）。

　このようにして私は，普段の何気ない受験生活の毎日を少しだけひと手間加えてツイートするように心がけていました。**ただ書きたいことをそのまま書く!!　というわけではなかったのです。**

🌀 SNS活用の注意点

　ただ，Twitter含め，SNSの活用方法には注意点があります。それは**（将来の）お客様も見ている可能性がある**ということです。対価をいただいて仕事を任される以上，お客様にとっては「新人」だろうと「ベテラン」だろうとそんなこと関係なく，プロとして見られます。

　自分が逆の立場だったらどうでしょうか。依頼する側として，行政書士を見つけて仕事を任せた時に，「新人なのですみません」と言われても，そんなことは通用しないはずです。

　そういったことを踏まえると，ネガティブツイートや自信がないツイートは極力避けたほうがよいと思っています。誰しも完璧な人などいません。ミスをすることもあれば，はじめての案件を受けたときに，とても不安な気持ちになるのはよくわかります。しかし，それは心の内に留めて置けばよいのです。

　もし，お客様がそんな自信がなさそうな不安なツイートを見たら，その人に依頼したいとは思いませんよね。なので私は，ネガティブツイートをしないように心がけています。プロとして，必死にできる限り調べ尽くして，最善の努力で臨むのみです。

第4章

行政書士試験への
挑み方

行政書士試験の仕組みを知る

誰でも受験できる

　本章では，行政書士試験のことを詳しく知らないという方に向けて，1から説明していきます。実は，私自身勉強は始めたものの，行政書士試験の仕組みは少しわかりづらくなかなか仕組みを理解することができなかったからです。

　まず，行政書士試験には，受験資格がありません。すなわち，学歴，国籍，年齢制限もなく**誰でも受験する**ことができるということです。そのため，高卒（通信制）の私でも受験することができました。

　本試験当日，試験会場に到着すると，私は周りをキョロキョロと見回していました。そこには，若い人から年配の人，またバリバリ法学部に通っていそうな人まで，さまざまな受験生がいましたが，どちらかというと年齢層が高い印象を受けました。

　一瞬身構えてしまいそうでしたが，「自分が一番だ。私にも解けない問題なら誰にも解けるわけない!!」と，本当にこのような気持ちで受験に挑みました。今まで精一杯に，悔いが残らないくらいに勉強をしたのであれば，自信をもってリラックスして試験に挑もう，と思ったのです。

足切りに注意！

　法令等科目で，①5肢択一式問題，②多肢選択式問題，③記述式の問題で合計244点分ありますが，**合格するには122点取らないといけない**のです。

　また，一般知識等科目では14問中6問正解しなくてはいけません。それは行政書士試験の**「足切り」と呼ばれる合格基準が設けられている**からです。この基準を満たしていないと，「不合格」となってしまいます。

■行政書士試験合格への3つの基準■

①法令等科目で122点以上を得点していること
　ただし，法令科目で122点をギリギリ得点していたとしても，もう一つの科目である一般知識の満点が56点であるため，足しても180点には到達することができません。現実的には最低でも**124点**を得点している必要があります。

②一般知識等科目で24点以上得点していること
　実は一般知識科目には『足切り』という制度があり，いくら法令科目で高得点が取れたとしても，一般知識科目だけで24点得点できなければ**一発アウト**となってしまうのです。一般知識の出題数は14問で，1問4点なので約半分は正解していなくてはなりません。

③全体で180点以上得点していること
　①②これらの合計が180点以上であることが必要です。一般知識科目よりも法令科目のほうが圧倒的割合を占めているので，法令科目の勉強により力を入れる必要があります。

法令科目と一般知識科目

　行政書士試験は例年11月第2日曜日に実施され，試験時間は3時間です。試験内容は，「法令等科目」と「一般知識等科目」の2分野に大きく分かれています。
　「法令科目ってどんな問題が出題されるの？」
　「一般知識って何？」
　まずは，これらの点から説明します。

〈法令科目〉

出題形式	科目	問題数	配点	合計	基準点
5肢択一式 （1問4点）	基礎法学	2問	8点	244点	122点
	憲　法	5問	20点		
	行政法	19問	76点		
	民　法	9問	36点		
	商法・会社法	5問	20点		
多肢選択式 （1問8点）	憲　法	1問	8点		
	行政法	2問	16点		
記述式 （1問20点）	行政法	1問	20点		
	民　法	2問	40点		

　上図を見てわかるように，法令科目の出題形式には，3タイプあり，これら3つは配点が異なります。

・**5肢択一式問題**：5つの選択肢の中から1つだけ妥当なもの，又は妥当でないものを選ぶ形式（組み合わせ問題や個数問題の時もある）
・**多肢選択式問題**：20の選択肢の中から空欄に当てはまる語句を選ぶ形式
・**記述式問題**：設問に対して40文字程度で記述して解答する形式

　5肢択一式問題は1問4点ですが，行政法が19問ともっとも問題数が多いので，絶対に落としたくないところです。**行政法が合格への鍵を握っているといっても過言ではありません。**

　はじめは取っつき難く，苦手意識を持つ人も多いと思いますが，行政法は，多肢選択式でも記述でも出題され，しっかり勉強すればするほど点数に結びつきやすい科目です。ぜひ行政法とお友達になる努力をしてみてください。

　多肢選択式問題は，条文問題や判例からの出題がありますが，出題範囲が増えるわけではないので安心してください。普段どおり，５肢択一式や記述式の勉強をしっかりしていくことで力がついてきます。

　また，前後の文脈や空欄の関係性から答えを導けるものも出題される可能性があります。こういった出題があった場合はチャンスです。後述する一般知識の文章理解の問題で鍛えておくと，容易に答えを導けるようになります。

　記述式問題は，３問の出題でなんと配点が60点もあります。１問だけで20点も与えられるということです。行政書士試験の合格点は，180点なので仮に記述式以外で180点を超えられなかった場合，記述式でいかに点数を上乗せできるかが重要となってきます。

　記述式は苦手な人も多いのではないのでしょうか。私は記述式がとても好きでした。しっかり対策をすれば高得点だって狙うことは可能です。記述式の対策については第５章で紹介しますので参考にしてみてください。

　次は，一般知識科目の中身を見ていきましょう。

〈一般知識〉

出題形式	科目	問題数	配点	合計	基準点
5肢択一式	政治・経済・社会	7問	各4点	56点	24点
	情報通信 個人情報保護など	4問			
	文章理解	3問			

　上図のように一般知識科目は大きく３つに分類できます。この中でもしっかり対策すれば点数に結びつきやすく，最も重要なのは文章理解です。

　文章理解は３問出題されるので，ここでしっかりと全問正解しなければ，

足切りになる可能性は高くなります。その理由は，政治・経済・社会の分野は大学入試の「政治・経済」のように対策本を勉強したからといって，必ず得点できるというわけではないからです。むしろ，どんな問題が出題されるかわらず，対策のしようがないので，過去問と模試で出題された問題だけ拾って，その問題が出たらラッキーくらいだと考えていました。

　また，普段から新聞やニュースをよく見ている人なら，正解を導き出すことができる問題も中にはあると思います。しかし，私は新聞もニュースもあまり見たことがなく，大学受験も経験していないので致命的でした。

　国語も苦手でしたし，実際に行政書士試験の過去問で文章理解の問題を何度か解いたのですが不正解の連発でした。模試でも実際に法令科目で高得点を得点できたのに，足切りに引っかかったことがありました。それが現実です。

　一般知識科目をあまり対策しないでいると，せっかく法令科目で得点できてもその努力が水の泡となってしまいます。また，情報通信・個人情報保護などの分野も比較的得点しやすいのですが，私が受験した年はなんとその中の得点源であるIT用語と個人情報保護法からの出題がされなかったのです。運に左右されてしまうなんて，受験生としてはなんとも言えない気持ちですが，文章理解を全問正解できれば，残り11問中3問だけに正解すればよいことになるので，いかに文章理解で落とさないことが大切かがわかります。

　受験生の中には文章理解をあまり対策していないという人もいますが，少しでも不安を感じているのであれば，6月頃から徐々に勉強しておくことを強くオススメします。

　このように一般知識科目は運に左右され，「足切りに引っかかるかも…」と不安にもなります。しかし，戦略的に学習することで足切りを回避することはできるので，対策だけは怠らないようにしました（私の対策法は第5章でお伝えします）。

各科目の目標点を決めよう

　本試験で「各科目を何点得点するか」という目標点数を定めていますか。各科目の目標点は，高めに設定する人もいれば，逆に**合格ラインぎりぎりの最低基準で設定する**人もいると思います。私は後者でした。それには理由があります。

　本試験は1年に1回しかないということもあり，模試を複数会場で受験していたとしても，かなり緊張した状態でプレッシャーも感じます。それは，勉強期間が約1年の長期戦だということに起因しているとも思います。つまり，今年不合格になってしまうと，次に受験できるのは1年後になってしまうのです。

　私は本当に叫びながら猛烈に勉強していたので，もうあと1年この勉強を続けるというのは限界でした。だから一発で絶対に合格しなくてはならず，本試験では緊張して手がプルプル震えていたのを思い出します。

　ただでさえ緊張感がMAXな状態なのに目標点を高く設定してしまうと，余計に自分を苦しめてしまうと思ったのです。そこで，「各科目，最低何問まで落とせるか」を計算し，あえて低く目標点を設定することで，本試験で仮に難しい問題が出題されても「あと何点落とせるからこの問題は解けなくても大丈夫だ!!」と自分のパニックを抑制でき，焦らず問題を解くことができました。

　本試験で私は，**問題用紙の余白に何問落とせるか軽く記入**をしておき，わからない問題が出たとき，「あと○問落としても良いから大丈夫だ」と心の中でボソボソ呟きながら解いていました。

　実際に私が本試験で目標としていた各科目の点数を公開します。

■5肢択一式（1問4点）

科目	出題数	目標点
基礎法学	2問	4
憲　法	5問	12
民　法	9問	24
行政法	19問	68
商法・会社法	5問	12
一般知識	14問	24

■多肢選択式

科目	出題数	目標点
憲　法	1問8点　空欄4個（各2点）	4点
行政法	1問8点　空欄4個（各2点）	4点
行政法	1問8点　空欄4個（各2点）	4点

■記述式

科目	出題数	目標点
行政法	1問20点	10点
民　法	1問20点	10点
民　法	1問20点	8点

　ほとんどの模試で200点台（記述込み）をキープしていましたが，本試験での目標点は各科目とも本当に低く設定しました。なぜなら，**満点を目指しているわけではないからです。180点を取れば良いからです。**このようにあえて目標点を低く設定することで，少しでも本試験での焦りを軽減させるようにしました。

本試験攻略のカギは「解く順番」

🏃 解く順番を決めよう

　行政書士試験において，解く順番をあらかじめ過去問や模試などで確立させておくことがとても大切です。

　私が実際に問題を解くときに決めていた順番は以下のとおりです。そして，時間配分もざっくりと決めていました。

■私の解く順番と時間配分■
・民法⇨行政法⇨基礎法学・憲法⇨多肢選択式　 ここまでで1時間半
　⇨記述式（問題のキーワードだけ余白に書いておく）
　⇨文章理解　 20〜30分かける
　⇨記述式（文章を組み立てて清書する）
　⇨一般知識の文章理解以外》商法・会社法

　本試験での試験時間は3時間です。私の時間配分は，3時間の半分，つまり1時間半までに多肢選択式の解答を終えることを目標としていました。

　その後の1時間半では，記述式の問題をいきなり解くのではなく，まず，ざっくりと設問を読んで浮かんだキーワードを問題用紙の余白に書き出しておきます。そこでとめて，肝心の文章理解問題に飛び，20分から30分ほどじっくりと時間をかけて確実に3問正解できるように取り組みます。

　私の場合は少し特殊かもしれませんが，落としたら致命的にもなりかねない足切り科目の一般知識科目のうち，「文章理解3問」にじっくり時間をかけて取り組めるように，多めに時間を設定しました。特に国語が苦手な場合，時間がないと焦って余計に文章が頭に入ってこなくなりますよね。

　その後，また記述式問題に戻り，①じっくりと設問を読み，②どんなことが問われているのかを把握します。それから先ほど余白に書き出したキ

ーワードをもとに，解答用紙にいきなり記入するのではなく，問題用紙で文章を組み立ててから，最後に解答用紙に清書します。

その後は，あまり時間がかからない文章理解以外の択一の一般知識の問題を解き，最後に5問しか出題されない商法・会社法を解いて終了です。

この解く順番と時間配分は模試の頃から確立させていて，本試験でも一切変えないでこのままの通りに進めました。あらかじめ3時間の半分でどこまで進めるのかを決めておくことで，「時間が足りない!!」なんて不測の事態を回避することができますよ♪

🦢 取れるところを狙う作戦

ここで重要なのが，**本試験でわからない問題に遭遇しても立ち止まらないこと**です。

本試験では時間が限られています。それなのにわからない問題があるたびに立ち止まっていてはいくら時間があっても足りません。**確実に取れるところを狙っていき，点数を取りこぼさないようにします。**

よくある話ですが，さっきまでわからなかった問題が時間が経つとハッと閃いたかのように解けるなんていうこともよくあります。実際に私もそうでした。もしわからない問題にバッタリ遭遇してしまったら，潔くスルーしてどんどん前へ進んでいきましょう。

その代わり，飛ばした問題にマークをつけておき，全体が解き終わったらまた戻ってじっくり考えて解くようにしていました。その際，私の場合は，わからない問題には「☆マーク」，二択まで絞れて悩んでいる問題には「？マーク」をつけるなど，印を分けていました。**せっかく二択まで絞れている問題をわざわざ時間をかけて5肢全部読んでいたら時間がもったいないからです。**少しでも時短をできるように工夫していました。

心構えが大事

⑤ すぐに切り替えて前に進む心構え

　本試験終了後，「今年は民法が難化した」とか「今年は憲法が難化した」という言葉をたくさん耳にします。もちろん私が受験生の時も前年の受験生のツイートを見ていたのでその噂は聞いていました。逆に，**この言葉を聞いておいてよかったと思います**。

　上述したとおり，私は民法がとても得意でした。模試でも満点を取ることも多かったですし，自信満々で本試験に挑みました。しかし，本試験で民法の問題を開いた瞬間，絶望的になりました。

　知っている論点からの出題にもかかわらず，問題が解けないのです!!!

　でも，ここですぐに冷静さを取り戻すことができました。「きっと今年は民法が難化しているんだろうな」と割り切れたからです。あんなに得意だった民法が実際の本試験ではなんとかギリギリ 6 問取れたくらいでした。本当にギリギリ…，何とか振り絞っての 6 問です。

　根拠はありませんが，本試験終了後に各専門学校が出している正答率を見ても「難化したんだろうな」ということが読み取れました。もし本試験で何かの科目でわからない問題が連発しても，まずは焦らないでください。「今年はこの科目が難化しているんだな。他の科目で頑張るぞ!!」と，**すぐに気持ちを切り替えて前に進んでいく心構えがとても大切**です。

⑤ 一番勉強してきたという強いメンタル

　また，本試験会場では「自分が一番勉強してきたぞ!!」というほど強いメンタルで挑みました。私はあえて試験開始前に周りをキョロキョロ見渡し，綺麗な参考書を眺めている受験生を見て心を落ち着かせていました。

　なぜなら，私の参考書はボロボロになるまで使い倒され，綺麗な参考書

を1冊も持っていなかったからです。もちろん綺麗な参考書だからといって，私より勉強していないかというとそういうわけでは決してありません。

　心の中の「妄想の世界」では，どんなことを想っても自分の自由です。特に本試験会場では，自分の気持ちが有利に動くように，ポジティブにたくさん妄想してみるといいのではないでしょうか。

▶ボロボロになるまで使い倒した教材（一部）

実は高得点を狙える記述式

🦆 問題文にヒントが隠れている

　試験前によく，「記述式で高得点を取るのは難しい」，「択一だけでなるべく180点近く取ったほうがよい」ということを聞きました。記述式の採点基準は公開されないので，合格発表後も総合点は発表されても，どこで何点がついたのかは把握することができません。いわばブラックボックスなのです。そんな理由から，できるだけ択一式で得点を取ろうといわれているのかもしれません。

　しかし，私の経験上では真反対の意見です。しっかりと丁寧に対策をしていれば記述式でも高得点を狙うことは可能です。

　上述したとおり，記述式には1問につき20点配点が与えられています。これは，間違えたら0点，正解していれば20点というように0点か20点かという極端な採点方法ではなく，各問題それぞれ2～3個ほどキーワードがあり，それらが正解していれば部分点がつくと考えられています。そのため，わからないからといって，空欄で提出するのは本当にもったいないことです。

　問題文には解答へ導くヒントが隠されています。最後まであがき苦しんで書く努力をしてみましょう。

　例えば，私なら，「①これは何に該当するか，②誰に対して，③どのような手段をとるか」といった出題だった場合，問題文のヒントと思われるところに①②③と対応する番号を振ります。そうすることによって，「この問題は何を問いているのか」を把握することができ，見当違いの解答を防ぐことができます。

📖 民法は必ず図を書く

　また，民法の問題では，たとえ頭の中で人物関係がしっかり理解できていたとしても，必ず図を書くようにしています。

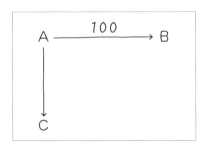

　上図のような簡易的な手書きでよいのです。「誰が」「誰に対して」など真反対の解答のミスをすると大きな減点にもなりかねません。そんなことにならないためにも，頭の中で正確に把握しているつもりでも，日頃から図に書き起こすクセをつけておくように心がけていました。

　第2章で「又は」や「かつ」，「過失」や「重過失」の条文によっての使い分けも早い段階から身につけておいたとお話ししましたが，そのことが記述式問題で大いに役に立ちます。

　本当は「重過失」と書くべきところを「過失」と解答してしまったことにより大きく減点されてしまう可能性があるからです。多くの受験生が民法や行政法などを一通り学習し終えた後から，本格的に記述式対策を始めると思います。たしかに，民法や行政法の学習を終えていないと記述式を解答できません。ただ，おそらくその頃には，憲法や会社法，一般知識なども学習を終えて，すごい量の復習作業が待ち構えています。

　そんな中で，細かいところまで学習できる余力は残っているでしょうか。私自身は，復習に，過去問演習に，模試に，と手一杯の状態でした。なので，復習範囲も少なく，比較的余裕のある初期の段階でこういった細かい

ところを押さえておくことによって，いざ記述対策に入ってから本当に楽になりますし，周りの受験生より一歩先に前進することができます。

　私は，このように初期段階で細かい使い分けをきっちり押さえていたので，記述式に抵抗感なく，最初から大好きな分野で本試験でも良い点数をとることができました。学習計画は後々まで踏まえて立てておくことをオススメします。

🐤 YouTubeもチェックする

　試験直前期になると，各校がYouTubeなどで記述式の出題予想をしていました。これらは無料で視聴できるものなので，チェックしておくことをオススメします。

　私は直前期に，なるべく多くの専門学校の予想を見ていました。そして，その周辺の分野もピンポイントで学習していました。すると，なんと1問予想が的中したのです。

　こういった運も実力のうちだと思っています。「直前期は手が回らないよ～」という受験生がほとんどだと思いますが，YouTubeはベッドの上でも見ることができます。スキマ時間をうまく活用して，そこまで目を通すようにしていました。

激レア！　記述式の答案を公開します!!

　さて，ここまで記述式は実は高得点を狙えるというお話をしてきましたが，「実際の答案はどうだったの？」と気になる人もいるのではないでしょうか。

　行政書士試験の解答用紙は本試験後に回収されますが，「開示請求」という制度を利用して，自分の解答用紙を開示してもらうことができます。

　ということで，私も実際に記述式の答案（行政法と民法）を開示請求してみました！

🦆 行政法記述

・令和3年度本試験　問44

> 問題44　私立の大学であるＡ大学は、その設備、授業その他の事項について、法令の規定に違反しているとして、学校教育法15条1項に基づき、文部科学大臣から必要な措置をとるべき旨の書面による勧告を受けた。しかしＡ大学は、指摘のような法令違反はないとの立場で、勧告に不服をもっている。この文部科学大臣の勧告は、行政手続法の定義に照らして何に該当するか。また、それを前提に同法に基づき、誰に対して、どのような手段をとることができるか。40字程度で記述しなさい。なお、当該勧告に関しては、Ａ大学について弁明その他意見陳述のための手続は規定されておらず、運用上もなされなかったものとする。
>
> （参照条文）
> 学校教育法
> 　第15条第1項　文部科学大臣は、公立又は私立の大学及び高等専門学校が、設備、授業その他の事項について、法令の規定に違反していると認めるときは、当該学校に対し、必要な措置をとるべきことを勧告することができる。（以下略）

私の解答

行政指導に該当し、大部科学大臣
に対し中止その他必要な措置をと
ることをめめることができる.

　行政手続法第36条の2からの出題で，条文知識を問う問題です。行政手続法は行政法の中でも最も条文を押さえることが大事です。この条文を押さえていた方にとってはしっかり書くことができたのではないでしょうか。

（参考）行政手続法

第36条の2　法令に違反する行為の是正を求める行政指導（その根拠となる規定が法律に置かれているものに限る。）の相手方は，当該行政指導が当該法律に規定する要件に適合しないと思料するときは，当該行政指導をした行政機関に対し，その旨を申し出て，当該行政指導の中止その他必要な措置をとることを求めることができる。ただし，当該行政指導がその相手方について弁明その他意見陳述のための手続を経てされたものであるときは，この限りでない。

　私の解答と照らし合わせて見てください。大事なポイントを押さえて書くことができていると思います。

　上述したとおり，『六法』は限られた科目しか使わなかったのですが，行政法の条文はとても大事なのでしっかり見ておきましょう。

🦆 民法記述

> 問題45　Aは、Bに対して100万円の売掛代金債権（以下「<u>本件代金債権</u>」といい、解答にあたっても、<u>この語を用いて解答すること。</u>）を有し、本件代金債権については、A・B間において、第三者への譲渡を禁止することが約されていた。しかし、Aは、緊急に資金が必要になったため、本件代金債権をCに譲渡し、Cから譲渡代金90万円を受領するとともに、同譲渡について、Bに通知し、同通知は、Bに到達した。そこで、Cは、Bに対して、本件代金債権の履行期後に本件代金債権の履行を請求した。Bが本件代金債権に係る債務の履行を拒むことができるのは、どのような場合か。民法の規定に照らし、40字程度で記述しなさい。
> 　なお、BのAに対する弁済その他の本件代金債権に係る債務の消滅事由はなく、また、Bの本件代金債権に係る債務の供託はないものとする。

私の解答

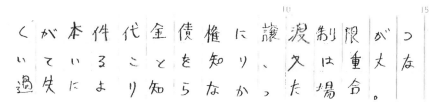

Cが本件代金債権に譲渡制限がついていることを知り、又は重大な過失により知らなかった場合。

　こちらはいわゆる譲渡禁止の特約に関する問題で，民法466条からの出題です。この設問のように，「解答にあたっても，この語を用いて解答すること。」とあったら**必ず**この言葉を解答に入れるようにします。

　うっかり見落としがちですが，設問をじっくり読み，線を引いてマークをしておくことでうっかりミスを減らすことができますよ。また，設問が「どのような場合か。」で終わっているので解答も〜「場合。」で終わらせられると綺麗な文章になります。

（参考）民法

第466条　債権は，譲り渡すことができる。ただし，その性質がこれを許さないときは，この限りでない。

2　当事者が債権の譲渡を禁止し，又は制限する旨の意思表示（以下「譲渡制限の意思表示」という。）をしたときであっても，債権の譲渡は，その効力を妨げられない。

3　前項に規定する場合には，譲渡制限の意思表示がされたことを知り，又は重大な過失によって知らなかった譲受人その他の第三者に対しては，債務者は，その債務の履行を拒むことができ，かつ，譲渡人に対する弁済その他の債務を消滅させる事由をもってその第三者に対抗することができる。

　今まで何度も「過失」や「重過失」の条文によっての違いなどを早い段階で押さえたほうがよいといっていたのはまさしくこのことです。本来「重過失」と解答すべきところを「過失」と解答してしまった方が多かったようで，実際，試験後のTwitterでもそのようなツイートで溢れていました。私は採点者ではありませんので一概には言えませんが，こういったところで減点してしまうのではないかと思っています。

　また，1項や2項は知っていたけれど3項までは知らなかったという受験生もいるようでした。テキストに載っている重要な条文はしっかり押さえておくことがポイントです。

　記述式の対策では手を広げすぎず，その代わりにテキストに載っている大事な条文や，行政法の条文，各専門学校の出題予想，模試で出題された問題をしっかり押さえただけです。「本試験の記述式で点を取ることは難しい」とかたくさん聞きましたが，それでもしっかり44点を取ることができたので，ただすべての条文をひたすら素読するのではなく，**戦略的にピンポイントで押さえておくことをオススメします。**

結局，結果はどうだったの？

🦢 本試験後も続けていた勉強

　叫びながら猛烈に勉強していたので，もう続けたくないとは思っていましたが，実は本試験が終わってからも，私はまだ勉強を継続していました。

▶合格発表待ち当時のツイート

　行政書士試験は合格発表まで，2か月半ほどあります。

　「大丈夫だろう」とは思っていましたが，人間絶対なんていうことはありません。もし仮に落ちてしまっていた場合にせっかく苦労して習得した

知識を忘れてしまうことが嫌だったのです。もちろん試験前のように長時間勉強していたわけではありませんが，不測の事態にも備えどっちに転がっても大丈夫なようにスキマ時間を使って知識を忘れないようにキープしていました。

総得点は210点！

「前置きはいいから，そろそろ総合点を教えてよ〜！！」と言われそうな気がするので，いよいよ本試験の総得点発表です!!!

<得点>

<令和3年度行政書士試験合否判定基準>

1. 配点
裏面配点表のとおり。

2. 合格基準点
次の要件のいずれも満たした者を合格とする。
（1）行政書士の業務に関し必要な法令等科目の得点が，
　　　122点以上である者
（2）行政書士の業務に関連する一般知識等科目の得点が，
　　　24点以上である者
（3）試験全体の得点が，180点以上である者

<得　　点>

法 令 等	択 一 式	5肢択一式	120点	
		多肢選択式	18点	小計182点
	記　　述　　式		44点	
一般知識等	択 一 式	5肢択一式	28点	小計 28点
総 得 点	択 一 式	5肢択一式	148点	
		多肢選択式	18点	
	記　　述　　式		44点	合計210点

（備考）
1.記述式の得点表示「**」は採点を行っていないことを表しています（記述式については，択一式の得点が一定以上の方を採点対象としています。）。
2.成績内容の照会には，一切応じられません。

▶私の本試験総合得点表

なんと，180点が合格ラインのところを30点オーバーで合格することができました。叫びながら勉強していた時もありますし，泣きながら勉強していたこともありました。本当に怒涛の1年間でした。しかし，1年間と

いう期間は人生の中で一瞬の出来事です。

　今思うと，１年間苦しんで本当によかったと思います。もしあの時苦しんでいなかったら，もしあの時努力していなかったら，今こうして書籍を執筆することも，本書を通して皆様とお会いすることもできなかったかもしれません。

　「努力」や「苦しみ」は人生において素敵な財産になりますよ♪

第 5 章

行政書士試験
各科目の勉強法

私の対策方法「基礎法学」

　これまで全体の勉強法についてお話ししてきましたが，ここからは各科目に焦点を当てて，私が実践した試験対策をお伝えします。

　まず，基礎法学はその名のとおり，法律の基礎や法令用語，法律の歴史などから出題されます。配点は，以下のとおりです。

・択一式　出題数：2問　配点：8点／300点

　出題数はそれほど多くない一方で，範囲はとても広く対策が難しい科目です。正直，この科目に時間をかけるのは非効率的だと思います。

　ただし，「法令用語」が出題された場合はチャンスだと思い，落とさないようにしました。

☞ここが重要

✓テキストに載っているもの，過去問や模試で出題された問題だけ拾い，他の教材には手を広げない。

✓基礎法学の2問を補うために商法・会社法を捨てない。

　商法・会社法はテキストや過去問で重要な論点だけに絞り対策しておくことで2〜3問は得点できます。基礎法学に時間を割くより圧倒的に効率が良いです。

私の対策方法「憲法」

憲法とは日本における法（ルール）の中で最高位に位置する最高法規です。

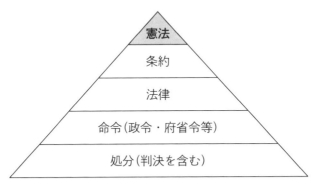

行政書士試験において，憲法からは「総論」「人権」「統治」の3つの分野から出題されます。配点は，以下のとおりです。

・**択一式**　　出題数：5問　配点：20点／300点
・**多肢選択式**　出題数：1問　配点：8点／300点

民法や行政法に比べて出題数はそれほど多くはありませんが，択一式だけでなく多肢選択式でも出題されるのでしっかり対策したいところです。

それでは，具体的に3つの分野について見ていきましょう。

総論の対策

総論では，憲法全体に共通する原理を定めています。ただし，総論はあまり試験には出ません。難易度が高い問題が出題される可能性もあるため，あまりここにウェイトを置きませんでした。

試験上，大切なのは「人権」と「統治」です。

人権の対策

人権では，裁判所が出した判断である判例知識が最も大切となります。しかし，判例が大事だからといって『判例集』を使ったかというと，私は使用しませんでした。その代わりに，テキストに載っている判例，過去問で出題された判例，模試で出題された判例に絞って学習しました。

判例の学習はただ覚えれば良いといわけでも，ただ読めば良いというわけではありません。「①事案」，「②問題となった争点は何か」そして「③裁判所はそれに対してどんな判断を示したのか（判旨）」の3点を押さえることが大切です。

☞**ここが重要**
　①事案
　　→事案の冒頭を読んだだけで「**あっ！　あの判例だ!!**」と頭に浮かぶ。
　②争点
　　→**何が争われているのか**をきちんと把握する。
　③判旨
　　→②を踏まえて**裁判所がどう言ったのか**を押さえる。

この3点を意識して判例を読んでいくと頭の中をスッキリ整理することができます。

過去問をチェック

では，さっそく実際の過去問を見てみましょう。

問題4（平成29年度）

　次の記述は，ため池の堤とう（堤塘）の使用規制を行う条例により「ため池の堤とうを使用する財産上の権利を有する者は，ため池の破損，決かい等に因る災害を未然に防止するため，その財産権の行使を殆んど全面的に禁止される」ことになった事件についての最高裁判所判決に関するものである。判決の論旨として妥当でないものはどれか。

1　社会生活上のやむを得ない必要のゆえに，ため池の堤とうを使用する財産上の権利を有する者は何人も，条例による制約を受忍する責務を負うというべきである。

2　ため池の破損，決かいの原因となるため池の堤とうの使用行為は，憲法でも，民法でも適法な財産権の行使として保障されていない。

3　憲法，民法の保障する財産権の行使の埒外にある行為を条例をもって禁止，処罰しても憲法および法律に抵触またはこれを逸脱するものとはいえない。

4　事柄によっては，国において法律で一律に定めることが困難または不適当なことがあり，その地方公共団体ごとに条例で定めることが容易かつ適切である。

5　憲法29条2項は，財産権の内容を条例で定めることを禁じているが，その行使については条例で規制しても許される。

☞**ここが重要**

　①**事案**

　　→問題文を読んで，「奈良県ため池条例事件」がパッと頭に浮かぶ。

　②**争点**

　　→ため池の堤とうの使用を禁止する条例は憲法29条2項に反しないか争われている。

※憲法29条2項には，「財産権の内容は，公共の福祉に適合するように，**法律**でこれを定める。」と規定している。

③判旨

　→何人も，公共の福祉のため，当然にこれを受忍しなければならない義務を負う。ため池の堤とうを条例で禁止・処罰しても憲法および法律に接触しないとしている。

　以上のことを踏まえて，選択肢に目を通します。

１．妥当である。

　→何人も，公共の福祉のため，当然にこれを受忍しなければならない義務を負うと判例にあります。

２．妥当である。

　→ため池の堤とうを使うことは憲法でも民法でも保障されていないと判例にあります。

３．妥当である。

　→これらの行為（ため池の堤とうの使用権）を条例で禁止・処罰しても憲法および法律に接触しないと判例にあります。

４．妥当である。

　→事柄によっては，国が法律で一律に決めるのは難しく，地方公共団体ごとに条例で定めるのが容易かつ適切なことがあると判例にあります。

５．妥当ではない。

　→財産権の内容を条例で定めることを禁じているとは規定されていません。

　よって，この問題の正解は５となります。

　判例学習はこのようにして，ボーっとただ眺めて読むだけでなく，①②③を意識して学習するようにしていました。

統治分野

　統治分野では条文知識が必要不可欠で，主に「国会」「内閣」「裁判所」が頻出です。細かい暗記作業はとても大変ですが，逆にいえば，条文の文言や数字さえしっかり押さえておけば正解できるのです。

（例）

【表決数】	
原則	**出席議員の過半数**(56条2項／絶対多数)
例外	**出席議員の3分の2以上**(特別多数(i)) ① 資格争訟の裁判で議員の議席を失わせる場合(55条但書) P231 ② 秘密会の開催を決定する場合(57条1項但書) P229 ③ 懲罰により議員を除名する場合(58条2項但書) P232 ④ 衆議院で法律案を再可決する場合(59条2項) P218 **総議員の3分の2以上**(特別多数(ii)) (出てきてる人じゃなくて全体で多以上) P293 ・ 憲法改正の発議(96条1項)

▶使用テキストへの書き込み

　まずは原則を押さえ，そこから例外を覚えていくと頭に入ってきやすいと思います。

　難易度もそんなに高くありませんし，しっかり暗記すれば正解に結びつけることができるので，ここで点を取りこぼしてしまうと合格者との大きな差がついてしまう可能性があるのです。憲法の統治分野は丁寧に学習し，合わせて天皇に関する条文も一緒に押さえておくようにしました。

私の対策方法「民法」

　民法は，私人間の権利義務関係を規律する法律です。私たちの日常生活に関する身近で親しみやすい科目ともいえます。

> ・**択一式**　出題数：9問　配点：36点／300点
> ・**記述式**　出題数：2問　配点：40点／300点

民法は大きく「財産法」と「家族法」に分かれています。

```
    財産法              家族法
  ┌─────────┐      ┌─────────┐
  │ ・総則   │      │ ・親族   │
  │ ・物権   │      │ ・相続   │
  │ ・債権   │      │         │
  └─────────┘      └─────────┘
```

　非常に条文数も多く，細かい規定まであるため，はじめは難しく感じるかもしれません。上述したとおり，私は宅建試験で「権利関係（民法）」を勉強していたので，行政書士試験の科目で最初に勉強を始めた科目が民法です。

　もちろん行政書士試験のほうが範囲は膨大で細かいところまで深く掘り下げて学習しますが，用語を知っているだけで入っていきやすく，最後まで得意にしていた科目です。宅建士を受験したことがある人は，民法からスタートすると学習にスムーズに入っていきやすいと思います。

　民法は5肢択一式だけでなく，記述式でも2問（40点分）出題されるので，非常に重要な科目といえます。範囲は膨大なので，ある程度**メリハリをつけた勉強**をする必要があります。そこで私はテキストに記載された「重要度」を参考に勉強を進めていきました。

　単純知識を問う問題や事例型の問題があり，事例型の問題ではたくさんの登場人物が現れるので，頭の中が混乱しないように簡易的な図で構わないので，日頃からしっかり図に起こすクセをつけておくことがとても大切だと思います。

（虚偽表示）

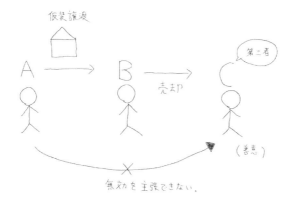

🏊 最初のうちは過去問を「読み物」として使う!!!

　では，私がこの強敵である民法と，どう戦っていたのか，その攻略法をご紹介します。

　まずはテキストに沿って勉強していきますが，その際に「善意」「悪意」「過失」「履行」といったような，普段生活していたら聞き慣れない単語がたくさん出てきます。そういう単語に遭遇したら，面倒くさがらず自分の知っている単語に置き換えて，テキストにどんどん書き込みをしていきます。

　そして，テキストをとりあえず1周してから問題演習にとりかかるのではなく，**テキストの進み具合と同時並行で，学習が進んだ論点の過去問を確認**します。これは，テキストで学んだことが，本試験ではどのような問われ方をするのか把握するためです。

　こうして同時並行で過去問を確認することで，2周目からテキストの

「どのような部分に注意して押さえていくのが良いのか」がぼんやり，うっすらとつかめてくるからです。最初のうちは過去問をいきなり解こうとするのではなく，「**読み物**」として使います。

　問題文と選択肢を確認してから解説のページに飛ぶのですが，ただ正解か不正解かを把握するのではなく，「なぜ」という理由を人に説明することができるようになるくらいまで，1肢1肢丁寧に解説を確認していきます。その際に，**同時に該当箇所のテキストも開き，合わせて確認していくと効果的**です。そして，理解したことやはじめてわかったことなどは，テキストにどんどん書き込みをして，後から読んでも思い出せるように，**自分だけのオリジナルのテキスト**を作っていきます。

🦆 スマホアプリで抵抗感を減らす

　他にも，スキマ時間を使い，スマホアプリを駆使して，民法の一問一答式問題をクイズ感覚で○×で解いていました。こちらは，長い文章や複雑な人物関係に慣れ，抵抗感を減らすために行っていました。

　いざ机に向かって理解しようとするとなかなか苦戦します。スマホアプリでリラックスしながら，ひたすら瞬時に問題文で聞かれている内容を把握し，○か×で答えるのです。このトレーニングは運動前のストレッチのような感覚で，3〜4か月ほどは継続して続けていました。

　民法はパズルのように複雑ですが，ピースがハマったらとてもスッキリします。民法に対する抵抗感という壁を作らないために，テキストのインプットと過去問を読み物とし，スキマ時間にアプリでウォーミングアップを続けたおかげで，苦手意識を持つことなく最後まで進めることができました。今オススメなのは「秒トレ」というアプリです。ぜひ移動時間や寝起きのウォーミングUPとして活用してみてください!!!

🦆 民法は他試験の対策本も活用

　近年，行政書士試験の民法は難化してきているといわれており，行政書

士試験の過去問だけではストック数が少なく，太刀打ちできないこともあります。そこで私は，公務員試験用の「スーパー過去問ゼミ　民法Ⅰ．Ⅱ」（実務教育出版）を活用しました（第 2 章でも紹介しました）。よく，「スー過去」と呼ばれる問題集です。

　私はあまり手を広げない主義ですが，民法に関しては他資格の対策本を大活用しました。公務員試験の民法の出題範囲や形式が他資格の中でも最も行政書士試験に似ていたからです。手に取ってみたら，分厚くて不安になるかもしれません。しかし，その分，解説がとても豊富で，わかりやすく，私は直前期まで行政書士試験の過去問題集と同じくらい「スー過去」を使用しました。

　また，上述したとおり，基本的には民法の条文を素読することはしていません。使用しているテキストに条文がかみ砕いてわかりやすく掲載されていたからです。その代わりに直前期まで，テキストのインプット作業はアウトプットと変わらないくらいの頻度で継続して行っていました。

　さらに，模試などで出題された問題や各校が予想した記述式の該当分野の条文にだけ絞り，『六法』で条文（原文）をチェックすることだけはしていました。

　このように，ある程度**メリハリをつけた学習をした**ことで，私が受験した令和 3 年度本試験の民法（択一式）は難しかったとの声もありましたが，6 / 9 問を正解することができました。

🏅 判例もチェックしておこう

　近年，条文だけでなく，判例からの出題も見られます。今回は多くの受験生が苦手な「法定地上権」をピックアップします。

　まず，法定地上権の前提知識として，以下の 4 点を満たす必要があります。

　①抵当権設定当時に土地の上に建物が存在していること
　②抵当権設定当時に土地と建物が同一人の所有に属すること

③土地・建物の一方または双方に抵当権が設定されていること

④土地または建物の競売がなされ土地と建物の所有者が別々になったこと

これらを踏まえていくつかの事例を見ていきましょう。事例2以降はちょっと難しい応用編です。コツは「**キーワードで覚える!!**」です。

(事例1) 大判大4.7.1 更地に抵当権が設定された後に建物が築造され，その後，抵当権設定者によって建物が築造された場合	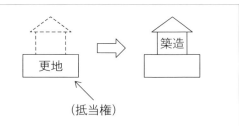 更地にとあるので，要件①の土地の上に建物が存在していないので**不成立**
(事例2) 大判昭14.7.26 建物に1番抵当権が設定された後に土地と建物が同一人に帰属し，その後建物に2番抵当権が設定され，1番抵当権が実行された場合	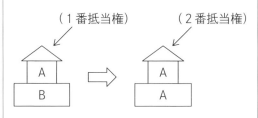 抵当権者が2人出てきた場合，**建物抵当**は後順位（2番抵当権）の抵当権設定時で判断する。2番抵当権設定当時に①から④の要件満たしているので**成立**
(事例3) 最判平2.1.22 土地に1番抵当権が設定された後に土地と建物が同一人に帰属し，その後土地に2番抵当権が設定された場合	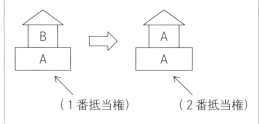 抵当権者が2人出てきた場合，**土地抵当**は1番抵当権設定時で判断する。1番抵当権設定後に①から④を満たしたので**不成立**

（事例 4 ）最判昭46.12.21 A 所有の甲土地上に，A と B が共有する乙建物が存在し，甲土地に抵当権が設定された場合	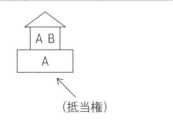 （抵当権） **建物共有**ときたら**成立**と覚えちゃいましょう。
（事例 5 ）最判昭29.12.23 A と B が共有する甲土地上に，A が B の承諾を得て乙建物を所有し，A の土地持分に抵当権が設定された場合	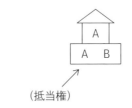 （抵当権） **土地共有**ときたら**不成立**と覚えちゃいましょう。
（事例 6 ）最判平9.2.14 同一所有者に属する土地と建物双方に共同抵当が設定された後に建物が再築された場合	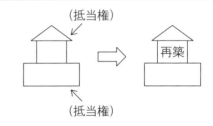 （抵当権）　再築 （抵当権） **土地と建物に共同抵当**ときたら**原則不成立**と覚えちゃいましょう。

　もし判例からの出題があった場合，問題文で与えられているキーワードで判断すると，簡単に正解を導き出すことができます。上記で紹介したもの以外にも，いくつか判例があるので，キーワードをまとめてみました。

■法定地上権のまとめ■

「成立」のキーワード	「不成立」のキーワード
・建物が共有 ・土地と建物が同一人に帰属した後，建物に2番抵当権 ・建物が再築された ・登記名義人が別人	・更地に抵当権設定 ・土地が共有 ・土地と建物が同一人に帰属した後，土地に2番抵当権（競売前に1番抵当権が消滅している場合は成立） ・競売時に同一の所有者 ・土地と建物共同抵当（原則）

私の対策方法「行政法」

　行政法はもっとも過去問学習が効果的です。過去問で出題された問題（10年分）に関しては徹底的に攻略していきました。

　暗記要素がとても強い科目ですが，やればやるだけ点数に結びつきやすい科目なので気合いを入れたいところです。また，行政法は5肢択一式，多肢選択式，記述式すべてに出題され，配点も高く最重要科目です。

- **・択一式**　　　出題数：19問　配点：76点／300点
- **・多肢選択式**　出題数： 2問　配点：16点／300点
- **・記述式**　　　出題数： 1問　配点：20点／300点

　基本的には条文知識からの出題ですが，行政事件訴訟法と国家賠償・損失補償は判例から出題されることも多いので，判例もしっかり押さえました。そのうえで，私が学習した順番は以下のとおりです。

　行政法総論→行政手続法→行政不服審査法→行政事件訴訟法

　→国家賠償・損失補償→地方自治法

　これらのうち，『六法』を使用して条文学習をしたのは「行政事件訴訟法」と「行政手続法」の2つです。この2つに関しては唯一『六法』を使い倒しました。

☞ここが重要

　①行政手続法は目的条文や定義，努力義務規定までしっかり押さえる。

②行政事件訴訟法は準用関係までしっかり押さえる。

🦆 行政手続法

　行政手続法では意外と見落としやすい目的条文や定義までしっかり目を通しました。また，努力義務なのか法的義務なのかまで細かく目を通しておくことも大切です。

（例１）**努力義務**
第９条　行政庁は，申請者の求めに応じ，当該申請に係る審査の進行状況及び当該申請に対する処分の時期の見通しを示すよう**努めなければならない。**
（例２）**法的義務**
第８条　行政庁は，申請により求められた許認可等を拒否する処分をする場合は，申請者に対し，同時に，当該処分の理由を示さ**なければならない。**

　その他にも，条文をただ読むだけでなくしっかり押さえておきたいポイントがいくつかあります。例えば，「行政手続法の適用除外」や「主宰者の許可が必要な場面」，「審査基準（５条）と処分基準（12条）の対比」や「理由の提示（８条）と不利益処分の理由の提示（14条）の対比」，「意見公募手続における命令等とは何を指しているか」などのポイントも意識しながら条文学習をしていました。

■地方公共団体の適用除外の覚え方■

	根拠規定が「法律」	根拠規定が「条例・規則」
処分	適用あり	適用なし
行政指導	適用なし	適用なし
届出	適用あり	適用なし
命令等	適用なし	適用なし

根拠規定が（条例・規則）によっておかれている場合は全部適用なし，根拠規定が（法律）によっておかれている場合は2文字（処分・届出）だったら適用あり，2文字以上だったら適用なしと覚えていました。

行政事件訴訟法

行政事件訴訟法は条文だけでなく判例からも出題されていて，多肢選択式や記述式でも出題される可能性もあるため，攻略できないと合格が遠のいてしまう可能性が高くなります。

基本的にはしっかりと条文を読み込む必要がありますが，「処分性」，「原告適格」，「訴えの利益」に関しては，判例からの出題の可能性があるので大まかな流れと結論だけでもしっかり押さえておきたいです。

判例を読んでいてわからない用語が出てくると文章が頭に入ってこなかったので，テキストに記載されている判例に自分のわかる用語に置き換えて書き込みをしていました。こうしてメモを残しておくことで時間が経ってから見ても一目で内容を理解することができます。

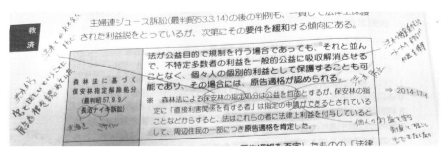

▶使用テキストへの書き込み

行政事件訴訟法を勉強し始めたら，**訴訟類型**をしっかり頭にインプットし，今何を学んでいるのか迷子にならないようにしました。

■**行政事件訴訟の類型**■

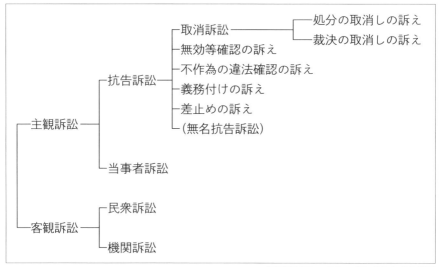

LEC東京リーガルマインドテキスト参照

　さらに，その中で**準用関係**の対策も怠らないようにしていました。取消訴訟の規定がその他の抗告訴訟に準用されているものと，逆に準用されていないものを押さえると良いと思います。

　なかなか覚えられないので，私はここに一番力を入れました。根気強く粘って，何度も何度も試験前日まで数をこなして，ひたすら暗記するしかありません。『六法』の準用元の条文にメモを入れるなど，工夫をしながら覚えるようにしていました。

🦢 総論，行政不服審査法，国家賠償・損失補償，地方自治法

　行政法総論や行政不服審査法に関しては，使用しているテキストと過去問題集10年分を徹底的に暗記していました。特に，日頃から『六法』を見るなどといったことはしておらず，テキストに載っている条文をテキストで確認するのと，模試で出題された条文だけは六法で確認するようにしていました。

　国家賠償・損失補償に関しては比較的得意とする方も多いのではないで

152

しょうか。国家賠償法は全部で6条しかありませんし，判例も事案と結論を押さえておけば正解できる問題が多いです。国家賠償を勉強すると同時に，損失補償についても学習すると良いと思います。

　私が行政法の中で一番苦手としていたのは地方自治法です。本試験では3問ほどしか出題されないにもかかわらず，範囲は膨大で非常に細かくてとっつきにくい科目です。

　私は『六法』を使用せず，テキストの重要テーマに絞って学習しました。ただ，テキストを読んでいるだけではおもしろくなかったですし，理解もできませんでした。そこで，どうやって乗り切ったかというと，ここでも「スマホアプリ」を活用しました。

　民法でもスマホアプリを活用しましたが，○×で答えられるので，クイズ感覚で解くことができ，あまり苦手意識をもつことなく進められます。このスマホアプリで過去問10年分を何十回往復したかわからないほど，ひたすら繰り返しました。つまり，力業で乗り切ったわけです。しかし，この作戦が功を奏したのか，急に苦手意識もなくなり，模試や本試験でも点を落とすことがなかったのが，地方自治法でした。

　スマホアプリで何十回と数をこなし，苦手意識が薄れてきてぼんやりとわかってきたところで，またテキストに戻って丁寧に読み込み，また過去問に戻る。その繰り返しです。地方自治法に苦手意識を持っている方はぜひ一度試してみてください。

私の対策方法「商法・会社法」

🦆 捨ててしまうのはもったいない！

・択一式　　　出題数：5問　配点：20点／300点

　商法・会社法はおそらく大半の受験生は行政法や民法，憲法などの学習を終えた後，最後のほうで勉強するのではないかと思います。そして，その頃には主要科目の復習に追われ，商法・会社法には手がつけられず，捨てる選択をする受験生もいるのではないでしょうか。私の受験生時代にも割り切って捨てている人を多く見かけました。

　私の結論から申し上げますと，捨ててしまうのは非常にもったいない科目です!!　もちろん民法や行政法などの主要科目より，遥かに勉強時間は少ないですが，私の場合はしっかり対策をしていました。

　捨てなかった理由はいくつかありますが，一つは**基礎法学のリカバリーのため**です。基礎法学は正直なところ何が出題されるかわかりませんし，そこで点を狙っていくよりも，商法・会社法の頻出テーマに絞ってコスパ良く対策し，基礎法学の8点分をカバーしたほうが効率が良いと思ったからです。

　もう一つは商法の問題は比較的やさしく，**会社法分野も頻出テーマに絞って学習しても1〜2問正解できる可能性が高い**からです。商法分野で1問，会社法分野で4問出題されるうち，2問正解することができれば，万が一他の科目でつまらないミスをしてしまった場合のカバーもすることができます。

　基礎法学で2問不正解，その他の科目でつまらないミスをしてしまったなど，ほんの数点で命取りにもなりかねない試験です。「あと数点で合格だった」という受験生も見かけました。そう思ったら，商法・会社法を対

策しないという道は考えられませんでした。

　もちろん，ここに時間をたくさん割くことはできないので，他の科目を勉強した日にプラスしてちょこっと商法・会社法を勉強する程度です。ある程度絞ったうえで対策することが大切です。

⑤ 論点を絞って学習

　商法は全体的に見ておくと良いのですが，どうしても時間が取れないときは「商行為の通則」だけに絞って学習することをオススメします。商行為通則からの出題が圧倒的に多いからです。私もあまりこの分野には時間をかける余裕がなかったので，「総則」「商人」「商行為」の３つの分野に絞って学習しました。もし，模試でそれら以外の場所からの出題があったらその問題だけ押さえていました。

　会社法は条文数が非常に多く全部を学習する時間はないと思います。手を広げて全体をほんやりと学習するよりも，頻出テーマに絞って丁寧に学習することをオススメします。

　私が対策をしていた頻出分野は，「設立」，「機関設計」，「取締役会」，「株主総会」，「取締役・代表取締役」，「指名委員会等設置会社・監査等委員会設置会社」のみです。目標は商法と会社法合わせて３問（12点）で，私の本試験の結果も正解数は３問でした。

　絞ることに不安を感じるかもしれませんが，商法・会社法はあくまでも安心材料であることを意識し，絞った範囲が本試験で出題されたら確実に正解できるようにしておくことが一番の近道です。

私の対策方法「一般知識」

＊令和6年度行政書士試験から，「一般知識」は「基礎知識」に変更されます。

👃 恐怖に襲われた一般知識科目

　私自身，一般知識分野には本当にたくさん悩まされました。どの科目よりも一番苦手としていました。一般知識科目は択一式で，①政治・経済・社会（出題数：7問），②情報通信・個人情報保護など（出題数：4問），③文章理解（出題数：3問）の3つから成り立っています。

　出題数は全部合わせて14問ですが，6問以上正解できないと「足切り」となり，法令科目でいくら高得点を叩き出しても，一瞬で合格への道は閉ざされてしまうのです。

　「政治・経済・社会は大学入学共通テストと同じくらい」だとか，「新聞やニュースをよく見ている人は強い」だとかいわれていますが，私自身は大学入試を経験したことがありませんし，ニュースや新聞もまともに見たことがなかったので，その話を聞いたときはいきなり恐怖が襲ってきました。

　恐る恐る過去問を開いて問題を確認したのですが，わかる問題が1問もないのです！！！！

　「私だけ!?」と思い，一般知識が苦手な受験生を必死にネットでも検索したりしていました。たしかに苦手だという人をリアルの世界でもネット上でも見つけることができたのですが，政治・経済・社会が苦手でも，「文章理解ならできる!!」という声が圧倒的に多かったのです。

　一方の私はというと，文章理解の問題ですら1問も解くことができませんでした。それ以前に「現代文ってなに!?」という状態でしたから，解けないのは当たり前のことです。

　行政書士試験を受ける半年前まで，「日本に大統領がいる」とか「内閣

と国会ってなに？」という状態だったので，模試でも何度か足切りに引っかかっていました。

　こんなに法令科目を苦労して勉強したのに，本試験で一般知識を運に任せるのはすごく嫌でした。私は受験生時代に何度も自分と同じ境遇の人と出会いたいと思っていました。しかし，見つけることができませんでした。正しい乗り越え方もわからず，本試験まで毎日不安な日々を過ごしていました。

　「もし一般知識で足切りされたらどうしよう…」

　「一般知識科目があるかぎり，ずっと合格できないんじゃないか…」

　そんな不安が法令科目に集中して勉強していても何度も頭をよぎりました。「もしかしたら私と同じ境遇の人がいるかもしれない!!」という思いで，ここからは私が実際に行った足切り対策をご紹介します。

文章理解で 3 問を守備する

　一般知識は全部で14問出題がありますが，そのうち 3 問は文章理解からの出題です。政治・経済・社会のように，どこから出題されるかわからない未知の問題に手を出して対策するよりも，文章理解で確実に 3 問正解できるよう対策したほうが現実的です。

　文章理解は何も対策していなくても 3 問正解できてしまう人もいれば，私のように国語が苦手でなかなか正解にたどり着くことができない人もいると思います。

　国語は他の暗記系科目のように勉強したからといって，すぐにその勉強の成果が表れる科目ではありません。毎日コツコツ少しずつ積み上げていき，数か月後にやっと効果が表れるものだと思っています。

　なので，直前期になって対策を始めるのではなく，6 月頃から毎日 2 問解くことをルーティン化しました。特に私のように苦手意識のある人は本試験の前日まで継続してペースを崩さないことをオススメします。

　6 月から本試験の11月まで，1 日 2 問のペースで問題を解いていると，

行政書士試験の過去問だけでは足りなくなっていきます。そこで使用する
のが，公務員試験の文章理解の問題集や各専門学校の模試，市販の模試の
文章理解の問題です。

　文章理解の形式は「要旨把握型」，「並べ替え型」，「空欄補充型」の３パ
ターンがあるのですが，近年は並べ替え型と空欄補充型からの出題しかあ
りませんのでその２つに絞って対策でも十分だと思います。

▶「文章理解」の攻略にオススメ
『公務員試験 本気で合格！
過去問解きまくり！
③文章理解』
（東京リーガルマインド）

🦆 IT用語を覚える

　情報通信分野ではIT用語が聞かれる可能性が高いです。テキストに記
載のある用語や，総務省の国民のための情報セキュリティサイトにある用
語辞典で掲載されている用語を暗記しておくことをオススメします。

　直前期に詰め込むのには無理があるので，文章理解と同じく６月頃から
１日３用語ずつ覚えるだけでも，１週間で21用語マスターすることができ
ます。本試験でIT用語を問う問題が出題されたら，こちらも得点源です
ので確実に正解できるようにしておきましょう。

🐤 個人情報保護法，行政機関個人情報保護法，行政機関情報公開法，公文書管理法をマスターする

　特に個人情報保護法が出題された際は絶対に落とせません。また，個人情報保護法と行政機関個人情報保護法を対比して確認しておくことも大切です。余力がある人は，行政機関情報公開法や公文書管理法まで目を通すことができたらより安心です。

　ここまででご紹介した文章理解，IT用語，個人情報保護法等だけでも4 〜 5 問狙うことが可能です。ここで得点しておくことで，残りの1 〜 2問を政治経済社会で得点すればよいので，いかにこれらの対策が大切なのかがわかると思います。

🐤 政治・経済・社会は模試でカバーする

　政治・経済・社会ではどんな問題が出題されるのかわかりません。あまり手を広げて時間を割いてしまってはいけません。私の失敗談をお話しすると，「手を広げるな」，「対策してもあまり意味がない」と再三いわれていたのにもかかわらず，不安になり数冊テキストを購入してしまいました。
　結果的にこの分野で一番役に立ったのは，各専門学校の模試や，できるだけ多くの市販模試の**「政治・経済・社会の分野だけ」**の問題に目を通して覚えておくということです。市販の模試まで全科目やっていたらとても時間が足りません。あくまで，模試は本試験を予想して作られているものなので，割り切って一般知識科目だけを使用しました。
　実際に，市販の模試で出題されていた範囲が当たり本試験で1 問正解を導き出すことができました。私の一般知識の正解数は7 問だったので，「もしも模試を受けていなかったら…」と思うとゾッとします。完全に運に任せて捨てるのではなく，模試だけに絞って最低限の対策で挑みました。

私の対策方法「多肢選択式」

多肢選択式は「行政法」と「憲法」からの出題です。多肢選択式だけの勉強をするというより，必要な知識の範囲は5肢選択式と同じなので，**日々の択一式の勉強を丁寧に行うのが多肢選択式にも活きてくる**というわけです。

出題形式は，与えられた文章の中に4つの空欄があるので空欄に当てはまる語句を20の語句からなる選択肢の中から適切なものを選んでいく形式です。1つの空欄に対して2点の配点が与えられていますので1問8点ということになります。

多肢選択式での目標点は1問あたり4点です。つまり，各問4つの空欄のうち半分の2個は正解できるようにするということです。実際の過去問を見てみましょう（次ページ）。

もし先頭のアとイが選びづらかったとしても，文章中にアとイが繰り返されている場合もあります。先頭から見ていってわからないからとすぐに諦めずに，どんどん文章を読み進めていきましょう。繰り返されているところではじめてわかることだってあります。

また，先頭のアとイがわかりづらくても後半のウとエが入りやすいということもあります。仮に知らない知識からの出題でも，文章理解のように文脈から正解を取ることが可能な時もあるので最後まであがいてみることが大切です。

問題41　次の文章の空欄 ア ～ エ に当てはまる語句を，枠内の選択肢（1 ～ 20）から選びなさい。

　　問題は，裁判員制度の下で裁判官と国民とにより構成される裁判体が， ア に関する様々な憲法上の要請に適合した「 イ 」といい得るものであるか否かにある。…（中略）…。以上によれば，裁判員裁判対象事件を取り扱う裁判体は，身分保障の下，独立して職権を行使することが保障された裁判官と，公平性，中立性を確保できるよう配慮された手続の下に選任された裁判員とによって構成されるものとされている。また，裁判員の権限は，裁判官と共に公判廷で審理に臨み，評議において事実認定， ウ 及び有罪の場合の刑の量定について意見を述べ， エ を行うことにある。これら裁判員の関与する判断は，いずれも司法作用の内容をなすものであるが，必ずしもあらかじめ法律的な知識，経験を有することが不可欠な事項であるとはいえない。さらに，裁判長は，裁判員がその職責を十分に果たすことができるように配慮しなければならないとされていることも考慮すると，上記のような権限を付与された裁判員が，様々な視点や感覚を反映させつつ，裁判官との協議を通じて良識ある結論に達することは，十分期待することができる。他方，憲法が定める ア の諸原則の保障は，裁判官の判断に委ねられている。このような裁判員制度の仕組みを考慮すれば，公平な「 イ 」における法と証拠に基づく適正な裁判が行われること（憲法31条，32条，37条 1 項）は制度的に十分保障されている上，裁判官は ア の基本的な担い手とされているものと認められ，憲法が定める ア の諸原則を確保する上での支障はないということができる。

　　　　　　　　　　　　　　　（最大判平成23年11月16日刑集65巻 8 号1285頁）

1	憲法訴訟	2	民事裁判	3	裁決	4	行政裁判
5	情状酌量	6	判例との関係	7	司法権	8	公開法廷
9	判決	10	紛争解決機関	11	決定	12	法令の解釈
13	裁判所	14	人身の自由	15	立法事実	16	評決
17	参審制	18	議決	19	法令の適用	20	刑事裁判

私の対策方法「記述式」

　記述式は「行政法」と「民法」から出題され，与えられた設問に対して40字程度で，自分で文章を組み立て記述しなければなりません。制限文字数以内に収めるというのはある程度訓練をしておかないと苦戦します。

　設問には解答へ導いてくれるヒントがいくつか隠されているので，しっかりと与えられた設問を読むようにします。また，設問で与えられている指示は必ず守ります。

　指示とは例えば，「この語を用いて解答すること」とあれば，必ずその語句を解答に入れなければなりませんし，「どのような場合か」とあれば「〜ような場合」と解答するのが綺麗な解答となります。

　他にも，「場合分けをしながら」とあれば，場合分けをして記述する必要があります。このように設問で与えられた指示に従うにはしっかり文章を読まないと見落としてしまいます。

　指示の部分に鉛筆で印をつけながら読み進めていくと大事なところを見落とすことを防ぐことができます。実際の過去問を見てみましょう。

問題45（令和3年度）

　Aは，Bに対して100万円の売掛代金債権（以下「本件代金債権」といい，<u>解答にあたっても，この語を用いて解答すること。</u>）を有し，本件代金債権については，A・B間において，第三者への譲渡を禁止することが約されていた。しかし，Aは，緊急に資金が必要になったため，本件代金債権をCに譲渡し，Cから譲渡代金90万円を受領するとともに，同譲渡について，Bに通知し，同通知は，Bに到達した。そこで，Cは，Bに対して，本件代金債権の履行期後に本件代金債権の履行を請求した。Bが本件代金債権に係る債務の履行を拒むことができるのは，どのような場合か。民法の規定に照らし，40字程度で記述しなさい。なお，BのAに対する弁済その他の本件代金債権に係る債務の消滅事由はなく，また，Bの本件代金債権に係る債務の供託はないものとする。

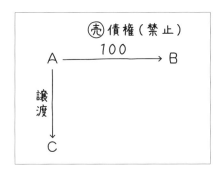

私流の解き方

　ここからは私流の解き方をご紹介します。まずは設問をしっかり読み、指示が与えられていた場合は鉛筆で線を引く等して印をつけておきます。このようにABCなど複数の登場人物がいる場合はミスを防ぐために簡易的な図を書き起こすようにします。図を書き起こした後、いきなり文章を組み立てるのではなく、第4章でお話ししたとおり、キーワードだけを先に書き起こしておきます。キーワードを書き起こしたら、なんとなく頭の中でイメージしておきながら、いったん記述問題をスルーして、違う問題（文章理解）に飛びます。

　そして、時間が経ってから記述問題に戻ってきて、改めて設問を読んでいくと、さっきは浮かばなかった解答が頭に浮かんでくるのです。記述式に限らず、どの問題でも、後から戻ってきて再度問題を見返すと、さっきまでわからなかった問題の解答が思いつくということはよくあります。

　そこからは書き起こしておいたキーワードを使い、解答となる文章を40字程度で組み立てていき、完成したら解答用紙に清書します。

　もちろん、私のようにいったんスルーして後から記述問題に戻るのではなく、最初から解答を組み立ててしまってもよいと思います。もしなかなか解答が思い浮かばず苦戦してしまった時には、キーワードだけ先に書いておき、後から戻って組み立てる作戦を試してみてくださいね♪

第6章

行政書士事務所を
即・独立開業

即独立を決心する

「行政書士試験，受けてみなよ!!」

そんな恩師からの一言で始まった私のチャレンジ。勉強を開始してから半年が経つ頃まで，行政書士ってどんな職業なのかすらあまりよくわかっていませんでした。ただ来る日も来る日もひたすらがむしゃらに勉強し続けました。

テキストだって，六法だって，どこにでも持って行きました。

美容院でもネイルサロンでも少しでもスキマ時間があれば場所を問わずに勉強をしました。今までの人生を振り返っても，別人のように変わった私に，友人たちはとても驚いていました。

「あやか，いつも何の勉強してるの？」

「え？　行政書士試験の勉強だよ!!」

「行政書士ってどんなことができるの？」

「…。」

私は答えることができませんでした。目の前にある受験勉強に必死なあまり，肝心なところをちゃんと把握していなかったのです。その友人からの一言で私は行政書士の業務について調べてみることにしました。

「行政書士ってこんなこともできるの!?」

これが私の感じたはじめての感想です。取り扱える業務の範囲が自分の想像より遥かに広かったのです。調べていくうちに，聞きなじみのある許認可の名称がズラーっと並んでいて，「合格したら行政書士として働いてみたいな」という気持ちが大きく，強くなっていきました。

そして，この時に心に決めたのです。

「もし，行政書士試験に一発合格することができたら，自分の事務所を開業しよう」と。

目標ができてからの私は，より一層勉強に身が入るようになりました。それは前章まででお話ししたとおりです。

でも，よく考えてみたら，就職経験ゼロの私がいきなり開業だなんて，今思うとすごく無謀なチャレンジを決意したなと我ながら驚きます。「不安や怖さはなかったのか？」とよく聞かれるのですが一切なかったと言えばウソになります。しかし，不安や怖さより「自分の事務所を持ちたい」という気持ちのほうがその当時は大きかったのです。きっとまだこの時は開業することが現実味を帯びていなかったからですね。

実際，私が不安や怖さをはじめて感じたのは，試験に合格し，開業準備に本格的に取り掛かってきてからです。

上述したとおり，開業に向けて行政書士の登録申請を出す寸前まで，地元で開業をするのか，上京して東京で開業をするのかとても悩みました。東京にはよく遊びに行っていたとしても，いざ住んでそこでお仕事をするとなると話は別です。多少知り合いはいたものの，地元と違いほぼ人脈がない土地での開業は不安だらけでした。

両親にも地元開業を勧められていました。そんな私の不安は夢にまで出てくるほどで，目覚めた時に「夢にまで出てくるということは，自分の本当の気持ちは上京して心機一転頑張りたいんじゃないか？」と思い，上京を決意し田舎から東京に出る決意を固めました。

開業当初に苦労したこと

🐣 開業もマイナスすぎるスタート

　ここまで持ち前の行動力と負けん気でなんとか乗り越えてきたわけなのですが，人生そんなに事はうまく進みません。開業して早々，私の目の前には大きな壁が立ちはだかりました。

　それもそのはず，通信制高校を卒業する18歳まで問題児として生き，卒業してからもふらふら〜といろいろな職を転々としながらギャル人生を思う存分謳歌していたわけですから，頭の中にある知識は流行りのメイクやファッション，好きな人を落とすテクニックくらいです。試験は試験。実務は実務で知っておかなければならないことが私には山ほどあったのです。

　ちょうど開業が現実味を帯びてきたころ，自分はパソコンやメールを使った経験がほとんどないということに気がつきます。メールを使ったことがほとんどなかったので，もちろんビジネスメールの送り方すらわからなかったのです！！！

　私のマイナスすぎるスタートはとてもお恥ずかしい話なのですが，「本書ではすべてさらけ出そう〜！」と決めているので，開業当初のこともありのままにお話ししていきます。

🐣 ビジネスメールに苦戦

　「お世話になっております。」

　この言葉から始めるメールを見て，はじめはどうしてもしっくりきませんでした。しっくりこなかったというより，普段使わない言葉だから何か違和感があったというニュアンスのほうが正しいのかもしれません。

　日本語も漢字も送信する前には何度も確認しました。書いては消してを

繰り返し，1通メールを送るのにもどれだけ時間がかかったのかもわかりません。就職した経験もなく，アルバイトといっても接客業ばかりだったので，メールを使う機会なんてほとんどなかったのです。

　行政書士試験でメールの送り方が出題されるわけはないのですから，開業にあたって，こういった社会人としての基礎的なところから私は学ぶ必要があったのです。

　また，この仕事を始めてから普通郵便やレターパックを利用することが多くなりました。多くなったどころか郵便を出したのは子どもの頃に遠くへ引っ越してしまった友人に，母と一緒にポストに出しに行った手紙が最後かもしれません。

　「普通郵便って何日くらいで届くんだろう」，「速達はいくらの切手を貼ればいいんだろう」とか，そんなことをよくスマホで検索していました。

　その他にも印鑑の「認印」と「実印」の違い，住民票はどうやって取得するのかすら知らなかった私は，試験の時と同様に実務においてもマイナスすぎるマイナススタートだったのです。

比較すべきは過去の自分

　開業してから自分の無知さを改めて痛感させられ，ひどく落ち込んだことも何度かありました。SNS上だけの私を見て「いつもキラキラしてる」，「悩みなんてなさそう」とよくいわれます。

　それは私がSNSでネガティブな発信はしないようにしているからかもしれません。この世の中，悩みがない人なんていないと私は思っています。いつもポジティブ発信しているけれど私も皆と一緒!!　ひどく落ち込むときもありますよ。ただ落ち込んだ後の立ち直りはかなり早いほうです。

　開業当初は自分の無知さに落ち込んでいましたが，逆に私にとってはすべてが新しい知識なので，切手のことだって印鑑のことだって住民票のことだってそんな些細なことでもそれがわかった時には素直に心から喜ぶことができたのです。

人間，苦痛だと思うことからは喜びなんて感じることができません。どんな場面でも「楽しみ」を見つけられたら小さなことでも喜べるようになりますし，それを次なるステップへの自分の原動力に変えることだってできます。

　うまくいかないときは，ついつい他人と自分を比較してしまいがちですが，比較すべきなのは他人ではなく過去の自分です。他人が当たり前にできていることでも，自分にとっては当たり前でないのなら達成できた時には目一杯自分のことを褒めてあげましょう。これは自分に言い聞かせている言葉でもあるのです。自分を好きになる努力も本当に大事ですよね。

🦆 実務の前に勉強しておくといいこと

　これまでの私の話を聞いて，開業を考えてる人は少し勇気が出たのではないでしょうか。こんなマイナスすぎるスタートの私でも開業することができました。

　今や，住民票に限らず，登記されていないことの証明書や身分証明書などがどのようなもので，どこで取得するのかは当たり前のように知っています。ピンとこない方は，たとえば以下のような前提知識を，実務の勉強をする前に習得し，準備しておくとよいですよ。

・**身分証明書** ☞ 本籍地のある市区町村で請求できる。

・**登記されていないことの証明書** ☞ 法務局で請求できる。

　「自分にはできないかもしれない」と思っている人はその考えはぜひ捨ててくださいね。

🦆 準備しておくといいもの

　よく名刺やホームページは準備したほうが良いのかということを質問されます。

　私は迷わず「YES」と答えます。

　理由は至ってシンプルです。自分が相手の立場だったら,「ホームページや名刺がない」と言われたら不安になると思ったからです。行政書士は登録が完了しないと行政書士とは名乗ってはいけないというルールがあるので, 開業準備中の期間には開業準備中用の名刺まで作っていました。今振り返ってそれがどうだったのかというと, 作っておいて正解だったと思います。

　開業準備期間には本当にたくさんの方とお会いし, たくさん名刺交換をしました。仮に私が開業準備中の名刺を作っていなかったら, 名刺をいただいたのにこちらからお渡しできる名刺がないという状態になってしまいます。

　人との出会いは一期一会です。どこでどんな出会いがあるのかわかりません。「迷ったら作る, 不要だと思ったら作らない」自分だったらどう思うかで考えてみると良いかもしれません。

　しかし, 私はこれまでの人生で「名刺交換」を経験したことがありませんでした。だから, いざ準備しようと思った時に, 名刺にどんな情報を盛り込んだらよいか全くわからなかったのです。

　その当時は同期や先輩行政書士の知り合いもおらず相談することもできずにいました。だから私は, **捨てられない名刺を作ろう**」と決めました。

　「自分がもらう側の立場だったらこんな名刺が良いな〜」ということを意識して盛り込む情報やデザインを考えました。数ある名刺の中で「顔写真があったらパッと思い出してもらえるんじゃないか」,「どんなことをやってる人なのかわかるように取り扱い業務を入れよう」, 他にも「こんな人だったと思い出してもらえるように, 持っている資格なども入れよう」と考えました。

何回か修正を繰り返し，以下が現在使っている名刺です👇

（表）　　　　　　　　　　　　（裏）

▶私の名刺。「選挙ポスター風だね」「ドローン検定!?」と
よくいわれますが，そこから話を膨らませることができ
ます。もともとコミュニケーション能力がそれほど高く
ないので，この名刺に助けられています。

いろいろな実務にチャレンジ

💈 実務は実務で学ぶ

　今でも，はじめての案件を受任したときは，夢の中でも申請書を作成しているほど不安になります。それは行政書士にかかわらずどんな職業だって未知の世界に飛び込むわけですから同じことだと思います。

　開業したばかりの頃は，すべてが未経験なので常に不安とドキドキの日々でした。行政書士は私のように未経験のまま開業する方が大半です。ということは，先輩方も皆この不安を乗り越えて成長し，今があるわけで，誰もが通らなくてはならない道なのです。

　私が行政書士になって，はじめて受任した仕事は会社設立（定款認証まで）です。片っ端から参考書を読み漁りました。ヒアリング時までに最低限の知識はつけ，「自分が依頼者側の立場だったらどのような質問をするのだろう？」ということも考えていました。

　案件を無事に終えてからいつも感じることは，**実務は実務で学ぶのが一番**だということです。いくら参考書ばかり読み漁っていても，いざ実務を実践してみないと学べないことはたくさんありました。

　スケジューリングなどもそうです。いざ実践できる場がないと全体の流れをなかなか把握することができません。また，ずっと不安という気持ちで自分の殻に閉じこもっているとなかなかチャンスも巡ってきません。

　きっと新しい世界に飛び込むときに不安がない人のほうが少ないと思います。でも，その感情は自分の内に秘め，思いきって外へ飛び出す勇気を持つことがとても大切なのではないかと思います。自分がまだ成功体験をしていないのだから，「できなかったらどうしよう」と不安に思うのは当然です。しかし，1日24時間という時間は皆平等に与えられたもので勝手にも時は過ぎていき，ずっと永遠に続くわけではありません。

人生の中で考えてもほんの一瞬の出来事です。そう思うとなんだか自分にもできそうな気はしませんか？　私は不安に思った時にはいつもそう思うようにしています。そして，いつだって自分の殻を破ってきました。

🦆 自分の専門分野

よく「専門分野はどうやって決めましたか？」と聞かれます。私もはじめから決まっていたわけではありません。むしろ業務を経験していない開業時に決めるのは無理でした。

実際に私が，「この分野で頑張っていこう」と明確に決めたのは開業して半年を過ぎてからです。許認可だけでも1万種類以上といわれる業務の中で，ある程度絞らないと一人で担うのは困難だと思ったからです。

そのため，**自分が興味のある分野**と，**自分が今まで生きてきた中での知識を活かせる分野**の二つから考えてみることにしました。

一つ目は「宅建業の免許申請」です。宅建業の免許とは，宅地建物取引業（いわゆる「不動産業」）を営むために必要な免許のことです。

私は行政書士試験を受験する2年前に宅建試験に合格し，資格は持っていたものの，その後不動産会社に勤務するわけでもなく，資格を活かすことができませんでした。しかし，行政書士という形で不動産会社のサポートができるのではないかと考えました。また，宅建の勉強をしていたこともあり実務のイメージがとてもつきやすかったのです。

二つ目は自動車業務（車庫証明・登録・出張封印）です。実は，開業してから半年が経過する頃まで，行政書士が自動車業務を取り扱えることを知りませんでした。

たまたま自動車業務を専門とする先輩行政書士のTwitterを見て，興味を持ったことが始まりです。車庫証明や自動車登録は聞いたことがある人も多い一方で，出張封印のことを知っている人は少ないと思います。本来，名義変更や住所変更などがある場合，平日に管轄の陸運局へ車を持ち込み，ナンバープレートの取り付けを行う必要がありますが，出張封印制度を利

▶出張封印制度でのナンバープレート交換作業

用することで行政書士がお客様の自宅や勤務先の駐車場に出向いてナンバープレートの交換作業を行えるのです。つまり，お客様は陸運局へ車を持ってくことが不要になるとても便利な制度なのです。

　私は小さい頃から車やバイクが大好きで，自分自身も自動車ユーザーということもあり，自動車業務は身近でイメージしやすいものでした。

　三つ目はドローン飛行許可申請です。私が卒業した航空高校には，学校にミニ滑走路が設営されており，私自身，小さい頃から空を飛ぶものが大好きなことや，ドローンは「空の産業革命」とも呼ばれ，近年注目されていることから選びました。

　このように，過去の自分を振り返ってみて，その中で生かせそうな経験や知識などがあれば，それを活かせる業務も選択肢の中に入れて考えてみるのもオススメです。

　最近は「特定技能」という在留資格にも興味を持ち，取扱分野とするために日々勉強している最中です。

　現在，私の事務所では法人設立（登記は司法書士）やドローン，宅建業，

古物商，自動車業務の依頼が多数を占めていますが，2年目からはもう少し専門分野を絞って，ばななちゃんといったらこの知識では負けない!!というように自分の武器を作りたいと考えているので専門特化していきたいと考えています。

▶二等無人航空機操縦士試験に合格しました！
（写真のドローンは私のものと知人のもの）

恐れない強い心

　開業してすぐの頃はとにかく不安で不安で仕方ありませんでした。仕事がなくても不安になるし，相談が来ても「質問に答えられなかったらどうしよう」，「専門分野以外の相談が来たときはどうしよう」とか，考えたらキリがないほど，不安は尽きることがありませんでした。

　そんな時，交流会で出会った同期も皆同じ不安を抱えていることを知りました。自分が不安な時や落ち込んでいる時は，どうしても自分だけ辛い思いをしているんじゃないかと思いがちですが，同期の皆と話しているうちに「一人じゃないんだ。皆，一緒の気持ちなんだ」と知り，いつまでもウジウジしている自分が情けなく思えてきました。

　よくネガティブな人の周りにはネガティブな人が集まり，「ポジティブな人の周りにはポジティブな人が集まる」といいますが，仕事でも同じことだと思います。

　私が同じ業務を同じ対価で依頼するなら，いつもポジティブで明るくて自信に満ち溢れているような人にお願いしたくなります。たしかに新人は知識の面でどうしてもベテランの先生には敵いません。しかし，やる気と熱意だけは皆平等で同じ土俵に立つことはできると思うのです。

　いつも私の頭の片隅に入っていることがあります。それは，**お客様にとって新人だからとかベテランだからとか関係なく1人のプロとして見られているということ**です。行政書士は試験に合格したら終わりではなく，試験に合格してからが本当のスタートなのです。

　行政書士になってから驚いていることがあります。それは**常に学ぶ姿勢を持っている人が多い**ということです。ふと同期や先輩行政書士のTwitterを覗くと業務の傍ら，さらなる知識の向上を図るために勉強をしている先生がとても多いのです。このような環境に身を置くことで私も立ち止まってはいられなくなり，「行動に移さなくては!!」という気持ちに

なります。

　前述したとおり，私は大の人見知りでした。しかし，こうやって行政書士となった今，そんな自分の殻を破りたくて「現役行政書士＆合格者の交流会」を主催しました。都内のみならず愛知や神奈川，静岡など他県の先生方もご参加くださいました。

　今までの人生では会を主催したこともありませんし，むしろ苦手なほうです。ですから，こうやって内面まで変えてくれた行政書士資格には本当に感謝です。私自身もこの1年間さまざまな人脈に支えられ，助けられてきました。2023年から2年目を迎える私は，先輩としてこれから開業される皆さんにとって良い人脈作りの場となってくれたら嬉しいなと思い開催しました。また，ありがたいことに，私のお世話になっている先輩行政書士の方も会をサポートしてくださいました。とにかく「思い立ったら行動!!」です。「不安」，「心配」など余計なことを考えず，とにかく「行動」に移すことを大切にしてみてください。

▶主催した「現役行政書士＆合格者の交流会」にて

私が目指すべき姿

　「やりたいことは何か？」と聞かれたら，今パッと浮かぶだけでも片手では数えきれないほどたくさんあります。実務の勉強もしたいし，苦手な数字に関する勉強もしたいし，語学や音楽も習いたいし，スポーツもやってみたい。10代の頃あまりにも何もしてこなかった私だから，大人になってからやりたいと思うことがたくさんあるのです!!

　でも，そんな自分の人生に後悔は一度もしたことありません。問題児としての過去を生きてこなければ，きっと今私は行政書士にもなってなかっただろうし，上京だってしてなかっただろうし，今出会っている人達に出会えなかっただろうし，本を執筆していることもなかったと思います。

　今こうやってどんなことでも好奇心を持ってチャレンジしたいと思えるのは自分の過去があってこそです。今後は行政書士にとどまらず幅広く自分の興味があることにチャレンジし，自分の発信できるツールを活かし，過去にコンプレックスを抱いている人の勇気になるような発信を続けていきたいです。

　周りは自分の写し鏡とよくいいます。自分が成長すればするほど，また新たな出会いが生まれます。まだ出会えていない，未来で出会うだろう人に出会えるために今日も私は成長をし続けます。

おわりに

　もしも，あの時TikTokを始めていなかったら…。
　もしも，あの時宅建を受けていなかったら…。
　もしも，あの時に恩師の一言がなかったら…。

　ふと過去の思い出を振り返り考えることがあります。TikTokと行政書士。一見すると何もつながっていないように見えるけれど，私にとってTikTokは人生を変えてくれた原点です。学生時代からずっと問題児で，社会人になってからも何をやっても続かなかった私。自分に自信だってなかったし，何をやっても1番になれることがなかったし，夢とか目標だって何1つなかった私が，今こうして本を執筆している未来なんて想像すらしていませんでした。

「2022年」
　この年は私にとって生涯忘れることのできないくらい本当に怒涛の1年でした。1月に行われた行政書士試験の合格発表から始まり，山梨から東京への上京，事務所の開業，たくさんの出会い，はじめての執筆に奮闘と1年で起きた出来事とは思えないくらい濃い1年でした。
　この短期間でこれだけの環境の変化があったのでもちろんたくさん苦しい思いもしました。逃げ出したくなっちゃう時もありました。だけど，家族，友人，フォロワーさんなどたくさんの支えがあって，なんとか踏ん張り続け乗り越えてくることができました。本当に感謝です。
　SNS上だけで見る私はいつもポジティブで悩んでいることなんてまるでなさそうに見えるかもしれません。しかし，本当は不安で1人で泣いている日も，悔しくて泣くこともたくさん悩むこともあります。皆と同じで

す!! でも，こうやって今日まで乗り越えてくることができたのは，「ばななちゃんに憧れて勉強始めました!!」，「すごく勇気をもらえました。自分も頑張ります!!」と温かいメッセージを送ってくれる方々のおかげなのです。一人では絶対に乗り越えることができませんでした。

　だから，私はこれからも発信し続けます!!!
　チャレンジしてみることの大切さや，**できない理由よりできる理由を探すことの大切さ**をもっともっと広めたいのです。スタート地点だって年齢だって関係ないです。できないなら，できるようになるまで続ければ良いし，学生でも大人でも何歳だって学ぶことの大切さは同じです。

　前までの私ならこんなこと胸を張って言えなかったと思います。資格試験って凄いなと思います。人の中身まで変えてくれるのですから。
　私にはまだまだチャレンジしたいことがたくさんあります。きっとその目標が達成できたらまた新たな目標に立ち向かうと思います。なんだか私の茨の道はまだまだ当分続きそうですね。
　どうしてもつらい時，どうしても挫折してしまいそうな時，頭の片隅にでも私のことを思い出してくれたら嬉しいです。きっとどこかで険しい道を登っていることでしょう。

　人生は一度きり。時には笑い，時には苦しみ，時には悩み，酸味ある人生を共に楽しみましょう!!
　本書が「自分にもできるかもしれない!!」と1歩を踏み出すきっかけとなれば幸いです。

行政書士

山本　絢香

【著者紹介】

山本　絢香（やまもと　あやか）

行政書士
1994年10月山梨県生まれ。最終学歴は通信制高校卒業。2021年度行政書士試験に一発合格を果たし，就職経験ゼロで行政書士事務所を独立開業。「日本1ぎゃるな行政書士」としてばななちゃんというニックネームで親しまれている。その傍ら，ぎゃるインフルエンサーとしても活動。SNSの総フォロワー数は30万を超える。派手な見た目とは裏腹に，「有言実行」をモットーに掲げ，数々の試験に一発合格を果たしてきた姿は多くの受験生に勇気を与えている。趣味はSNSと勉強。特技はオセロ。
国家試験では他に，宅地建物取引士試験，高圧ガス製造保安責任者（乙種化学）試験，二等無人航空機操縦士試験に合格。

- Instagram　　　：nanan.1250
- TikTok　　　　：bananachan.1250
- X（旧 Twitter）：nanan1250

TikToker ばななちゃん，行政書士になる！
短期&高得点で一発合格した戦略的勉強法

2023年7月5日　　第1版第1刷発行
2023年11月10日　第1版第3刷発行

著　者　山　本　絢　香
発行者　山　本　　継
発行所　㈱中央経済社
発売元　㈱中央経済グループ
　　　　パブリッシング

〒101-0051　東京都千代田区神田神保町1-35
電　話　03（3293）3371（編集代表）
　　　　03（3293）3381（営業代表）
https://www.chuokeizai.co.jp

印　刷／文唱堂印刷㈱
製　本／㈲井上製本所

©2023
Printed in Japan